Nikolaus Lenz
Witze für unterwegs

Alle Witze-Taschenbücher bei Loewe:

Nikolaus Lenz

Witze für unterwegs

FSC

Mix

Produktgruppe aus vorbildlich
bewirtschafteten Wäldern und
anderen kontrollierten Herkünften

Zert.-Nr. SGS-COC-005784
www.fsc.org
©1996 Forest Stewardship Council

978-3-7855-7218-4
Überarbeitete und gekürzte Neuausgabe
des Titels *Witze für unterwegs*
1. Auflage 2010
© 1995, 2006 Loewe Verlag GmbH, Bindlach
Umschlagillustration: Heribert Schulmeyer
Umschlaggestaltung: Christine Retz
Printed in Espania (031)

www.loewe-verlag.de

Inhalt

Wenn das
Schule macht

Fritzchen hat sich vom Lehrer ein Buch ausgeliehen. Leider wird er krank und hat ziemliche Halsschmerzen. Daher kann er das Buch nicht rechtzeitig zurückgeben. Also schreibt der Vater dem Lehrer einen Brief: „Mein Sohn Fritz kann Ihnen das Buch heute leider nicht zurückbringen, er hat es im Hals."

In der Musikstunde. „Was ist das wichtigste Streichinstrument?", fragt der Lehrer.
Tom meldet sich: „Der Pinsel!"

In der Biologiestunde. „Anton", fragt der Lehrer, „wie groß ist eigentlich ein Kamel?"
„Nicht größer als Sie!", antwortet Anton.
„Wie kommst du darauf?", wundert sich der Lehrer.
„Meine Mutter sagt immer: ‚Ein größeres Kamel als euren Biologielehrer gibt es nicht!'"

Nächste Deutschstunde, nächster Aufsatz. Das Thema: „Ein Besuch bei Verwandten".
Max ist als Erster fertig. Das kommt dem Lehrer ver-

dächtig vor. „Max", ruft der Lehrer, „lies uns doch einmal vor, was du geschrieben hast!"
Max steht auf und liest vor: „Wir fuhren zu unseren Verwandten, aber sie waren leider nicht zu Hause."

Im Biologieunterricht. Der Lehrer führt ein Experiment vor. Er stellt zwei Gläser auf den Tisch. In jedem Glas ist ein Wurm. Das eine Glas ist mit Wasser gefüllt, das andere mit Alkohol. Der Wurm im Wasserglas ist putzmunter, der im Glas mit Alkohol ist mausetot.
„Was können wir daraus lernen?", fragt der Lehrer.
Meldet sich Josef: „Wer säuft, kriegt keine Würmer!"

Lehrer: „Von einer Landzunge sprechen wir, wenn ein Stück Land ins Meer hineinragt. Und wie heißt es, wenn ein Stück Meer ins Land hineinragt?"
Sabine: „Seezunge!"

Morgen ist Wandertag. Der Lehrer erklärt den Kindern einige Dinge, auf die sie beim Wandern achten müssen. Und dann stellt er einige Fragen.

„Was macht man, wenn plötzlich ein Gewitter aufzieht?", will er wissen.

„Dann muss man sich schnell auf den Boden legen!", erklärt Franz. – „Und warum?"

„Damit der Blitz glaubt, dass man schon tot ist!"

Im Geografieunterricht. Heute wird geprüft.

„Kannst du mir auf der Karte zeigen, wo Amerika liegt?", will der Lehrer wissen.

Herbert fuchtelt unsicher herum und dann zeigt er tatsächlich auf Amerika.

„Und wer hat Amerika entdeckt?", fragt der Lehrer.

„Herbert!", ruft die ganze Klasse.

Im Erdkundeunterricht.

Der Lehrer will den Kindern die Kugelform der Erde klarmachen.

„Jetzt mal angenommen", sagt er, „ich würde einen Spaten nehmen und dort draußen ein ganz tiefes Loch graben. Und immer weitergraben und immer weitergraben. Und wenn ich nie aufhören würde zu graben, wohin würde ich da schließlich kommen?"

Felix meldet sich: „Ins Irrenhaus!"

Lehrer: „Weiß jemand, wann Rom erbaut wurde?"
Udo: „In der Nacht!"
Lehrer: „Wie kommst du denn darauf?"
Udo: „Das weiß doch jeder, dass Rom nicht an einem Tag erbaut wurde."

Lehrerin: „Wenn du zehn Pralinen hast und deinem Bruder die Hälfte gibst, wie viele bleiben dir dann?"
Ralf: „Drei Stück."
Lehrerin: „Wieso drei? Du wirst ja wohl noch durch zwei teilen können!"
Ralf: „Ich schon, aber mein großer Bruder leider nicht!"

Lehrer: „Warum steht die Erdachse schief?"
Max: „Das war aber schon, bevor ich am Globus angestoßen bin!"

Im Lateinunterricht fragt die Lehrerin: „Und wer von euch kann mir sagen, was uns die alten Römer voraus hatten?"
Fritz: „Die brauchten nicht Latein zu lernen!"

Onkel Franz ist auf Besuch und will wissen, wie es seinem Neffen in der Schule so geht.

„Es geht", meint Rüdiger, „unsere Lehrerin behandelt uns wie rohe Eier."

„Na, da habt ihr aber wirklich großes Glück!"

„Glück nennst du das?", sagt Rüdiger. „Dauernd haut sie uns in die Pfanne!"

Im Mathematikunterricht. Der Lehrer hat sich eine besonders knifflige Aufgabe ausgedacht.

„Max, dein Vater verlässt um sieben Uhr mit dem Auto München in Richtung Hamburg und fährt siebzig Kilometer in der Stunde. Sein Freund fährt erst um acht Uhr los, fährt dafür aber um zwanzig Stundenkilometer schneller. Wo treffen sich die beiden?"

„Im nächsten Wirtshaus!", ruft Max.

Ethikunterricht. Der Lehrer erklärt, dass hinter einfachen Sprüchen oft tiefe Wahrheiten stecken. „Nehmen wir das Sprichwort ‚Ehrlich währt am längsten' – wer kann mir dazu ein Beispiel nennen?"

Tiefes Schweigen in der Klasse. Endlich meldet sich Max:

„Wenn ich die Aufgabe abschreibe, bin ich sofort fertig. Wenn ich ehrlich bin und sie selber löse, dann dauert es ewig!"

Der Lehrer gibt nicht auf: „Eine einfache Aufgabe, Max", sagt er, „wenn du siebzig Euro in deine Hosentasche einsteckst und unterwegs einen Zehn- und einen Fünfeuroschein verlierst, was hast du dann in deiner Tasche?"
„Ein Loch", antwortet Max.

Eine neue Aufgabe: „Wenn ich einen Apfel, zwei Birnen, drei Orangen und vier Bananen in jeweils fünf Stücke schneide, was hab ich dann?", fragt der Lehrer.
Während die anderen Schüler noch voller Eifer herumrechnen, hat Fritz schon die Lösung parat: „Obstsalat!"

Der Lehrer gibt den Kindern die Hefte zurück. „Wieder ein Ungenügend", sagt er zu Karl. „Hast du denn keinen Bruder, der mit dir lernen kann?"
„Noch nicht", antwortet Karl, „aber in zwei Monaten bekomme ich einen!"

In der Mathematikstunde. „Klaus", sagt die Lehrerin, „wenn deine Mutter beim Bäcker 700 Euro Schulden hat, beim Lebensmittelladen 500 Euro und beim Schuster 400 Euro, wie viel muss sie insgesamt zahlen?"

„Gar nichts", meint Klaus. „Dann ziehen wir wieder um!"

„Na, Klaus", fragt der Lehrer, „angenommen, du wärst ein Erfinder. Was würdest du dann gerne erfinden?"

„Eine Maschine mit einem großen roten Knopf", antwortet Klaus. „Wenn ich den Knopf drücke, macht die Maschine alle meine Schulaufgaben."

„Na ja", sagt der Lehrer. „Und du, Peter? Was würdest du erfinden?"

„Einen Roboter", meint Peter, „der auf den großen roten Knopf drückt!"

„Wenn dein Vater einen Kuchen durchschneidet, wie viele Stücke hat er dann?", fragt der Lehrer.

„Fünf Stücke!", antwortet Jens.

„Ja, ist er denn ein Zauberkünstler?", will der Lehrer verärgert wissen.

„Nein", erwidert Jens, „er ist Konditor!"

Jans Zeugnis ist wieder einmal fürchterlich ausgefallen. Der Vater sagt: „Pass auf. Ich vertraue auf deine Intelligenz. Für jede gute Note bekommst du in Zukunft zehn Euro!"

Jan ist einverstanden. Am nächsten Tag geht er in der Pause zur Lehrerin und flüstert: „Ich hätte da ein Angebot. Wollen Sie sich ab und zu fünf Euro dazuverdienen?"

Im Maschinenschreibkurs. Meint der Lehrer zu Anton: „Dein Text ist ja so weit ganz in Ordnung. Aber, sag mal, wieso schreibst du ‚Vogel' mit ‚Ph'?"

„Schuld ist die Schreibmaschine", sagt Anton, „da ist das ‚F' kaputt!"

Gustav kommt mit neuen Schuhen in die Schule. Einer ist gelb, der andere braun.

„Du hast aber heute besonders komische Schuhe an", sagt Rolf.

„Stimmt", erwidert Gustav, „und stell dir vor, zu Hause habe ich noch ein zweites Paar von denen!"

Elternsprechtag. „Liebe Frau Obermüller", sagt der Lehrer, „Ihr Bodo wird heuer das Klassenziel nicht erreichen. Mit anderen Worten: Er wird leider wiederholen müssen!"

„Nicht möglich", sagt die Mutter verzweifelt, „so schlecht kann der Junge doch nicht sein."

„Doch, doch", fügt der Lehrer hinzu, „mit dem, was Ihr Sohn alles nicht weiß, könnten noch fünf weitere Schüler sitzen bleiben!"

In der Religionsstunde. Der Pfarrer fragt den kleinen Martin, ob er weiß, was das Wort „gratuliere" bedeutet. Martin nickt. „Und weißt du auch, was ‚kondolieren' heißt?"

„Klar doch", antwortet Martin, „kondolieren tut man, wenn man jemandem gratuliert, weil wer gestorben ist!"

Lehrer: „Wer kann mir erklären, was man unter ‚Abenddämmerung' versteht?"

Anton: „Also, Abenddämmerung, das ist, wenn dem Schüler am Abend dämmert, dass er seine Aufgaben noch nicht gemacht hat!"

„Wie buchstabierst du ‚Rhythmus'?", fragt der Lehrer.
„R…ü…d…m…u…s", buchstabiert Bernd.
„Der Duden sagt aber ‚R…h…y…t…h…m…u…s'!"
„Ja, der Duden", antwortet Bernd. „Aber Sie haben ja gefragt, wie ich es buchstabiere!"

Der Lehrer ist wütend: „Susi, das ist jetzt das sechste Mal in dieser Woche, dass du zu spät kommst! Hast du dazu etwas zu sagen?"
„Es wird in dieser Woche nicht mehr vorkommen!"

In der Geografiestunde. „Martin, wie heißen die Einwohner von Rom?", will der Lehrer wissen.
„Woher soll ich all die Leute kennen, das sind doch Millionen!", entrüstet sich Martin.

Der Schulrat besucht die Klasse. Diesmal ist er ganz besonders lästig. Stundenlang stellt er eine Frage nach der anderen. Endlich sagt er zu den Schülern: „Sind jetzt noch Fragen offen?"
Meldet sich Max: „Wann geht Ihr Bus?"

Elternsprechtag in der Schule. Frau Knall fragt einen Lehrer: „Ich habe gehört, dass mein Gustav bei den Lehrern als Wunderkind bekannt ist. Stimmt das wirklich?"
„Ja, das stimmt", sagt der Lehrer, „alle Lehrer wundern sich, wie ein einziges Kind so blöd sein kann!"

Oliver hat in der Matheprüfung wieder ein Ungenügend bekommen. Die Mutter ist außer sich. „Wie ist denn so was möglich!", ruft sie.
Meint Oliver: „Dieselbe Klasse, derselbe Lehrer, dieselben Fragen – das musste doch schon wieder schiefgehen!"

Lehrer: „Wie kann man ‚Besen' mit zwei ‚s' schreiben?"
Schüler: „Mit meinem neuen Füller – kein Problem!"

Im Biologieunterricht. Der Lehrer erklärt, wie die Vögel Brutpflege betreiben. „Die Adlereltern zum Beispiel sind den ganzen Tag unterwegs, um ihren Jungen genügend Futter zu bringen."
„Typisch", ruft Susi, „und die Mädchen verhungern!"

Im Geografieunterricht. „Kai, was kannst du uns übers Tote Meer erzählen?", fragt der Lehrer.
„Eigentlich gar nichts", sagt Kai, „ich wusste ja nicht einmal, dass es krank war!"

Lehrer: „Was haben Pferde und Zebras gemeinsam?"
Heidi: „Beide können nicht Auto fahren!"

Großes Hallo in der Klasse. Der kleine Helmut hat seinen Hasen mitgebracht. Der Lehrer hat was dagegen.
„Aber das geht doch nun wirklich nicht, Helmut", sagt er. „Hasen kann man nicht einfach in die Schule mitnehmen. Denk an den Geruch!"
„Ach", meint Helmut, „der hält das schon aus!"

Jan kommt von der Schule nach Hause.
„Die Lehrerin hat gesagt, dass ich riesige Fortschritte mache", berichtet er stolz.
„Toll, Jan", ruft die Mutter, „was hast du denn gemacht?"
„Ich hab zum ersten Mal meinen Namen ohne Fehler geschrieben!"

Der Lehrer hat einen schlimmen Verdacht: „Sag mal, Elke, hat dir bei dieser Hausaufgabe dein Vater geholfen?"

„Nein", sagt Elke, „er hat sie alleine gemacht!"

Andreas: „Ich kann übermorgen nicht in die Schule kommen. Mein Opa ist nämlich gestorben."

Lehrerin: „Meine Güte, Andreas, du hast doch schon mindestens viermal gefehlt, weil dein Opa beerdigt wurde!"

Andreas: „Ja, was kann denn ich dafür, wenn meine Oma immer wieder heiratet?"

Im Biologieunterricht wird die Giraffe durchgenommen. „Warum haben die Giraffen eigentlich so lange Hälse?", will Helmut wissen.

„Na, damit sie sich das Futter von den hohen Bäumen holen können", erklärt der Lehrer.

„Und wieso holen sie sich das Futter nicht von den niedrigeren Bäumen?"

„Damit sie sich nicht bücken müssen!"

In der Physikstunde. Der Lehrer will heute den Schülern erklären, was ein Magnet ist. Zuvor will er herausfinden, ob die Kinder darüber schon irgendetwas wissen. „Wer kennt das", fragt der Lehrer. „Es fängt mit ‚M' an und hebt Gegenstände auf, die herumliegen?"
Anton weiß es. „Mutter!", ruft er.

Erster Schultag.
Die Lehrerin fragt die Kinder nach ihrer Familie. „Mein Vater ist Fabrikant", sagt Anton.
„Und, Geschwister?"
„Nein, Nägel!"

Im Biologieunterricht erklärt die Lehrerin, wie die Natur überall für Ausgleich sorgt.
„Tiere, die schlecht sehen, hören dafür besonders gut", erzählt sie. „Kann mir jemand ein anderes Beispiel nennen?"
Meldet sich Boris: „Ich weiß etwas. Meine Oma hat ein kürzeres Bein, dafür ist das andere länger!"

In der Schule wurde eingebrochen. Jetzt lässt der Direktor die Einrichtungsgegenstände gegen Diebstahl versichern.

„Die Uhren in den Klassenzimmern haben wir noch nicht auf unserer Liste!", sagt der Versicherungsmann.

„Ach", antwortet der Direktor, „die Uhren kommen sicher nicht weg. Die Schüler lassen sie keine Sekunde aus den Augen!"

Kinder, Kinder

Es ist Nachmittag und kurz vor Weihnachten. Plötzlich klingelt es. Die Mutter öffnet die Tür. Draußen steht ein Mann mit einer dicken Papierrolle.

„Das ist ein Irrtum", sagt die Mutter. „Wir haben keine fünfzig Meter Papier bestellt!"

„Doch, haben wir", ruft Bernd, „ich brauch sie für meinen Weihnachts-Wunschzettel!"

Der kleine Florian spielt im Garten und ist ganz still. Sehr verdächtig! Die Mutter schaut aus dem Fenster und sieht, wie der Junge schaufelweise Sand isst. Sie zerrt den Kleinen von der Sandkiste und ruft den Arzt an.

Der Doktor hört sich die Geschichte an und sagt: „Wissen Sie, das ist nicht weiter schlimm. Sie sollten aber aufpassen, dass der Kleine jetzt keinen Zement schluckt!"

Tante Elly hat ihre Liebe zum Malen entdeckt. Neulich war sie im Zoo und hat einen Elefanten gezeichnet. Stolz zeigt sie das Kunstwerk ihrem Neffen Georg und fragt: „Na, meinst du, ich soll das Bild mal dem Elefanten zeigen?"

„Besser nicht", sagt Georg, „Elefanten sind verdammt nachtragend!"

Bernhard hat hundert Euro gefunden. Als er zu Hause davon erzählt, fragt ihn die Mutter: „Hast du das Geld auch beim Fundamt abgegeben?"

„Nein", erklärt Bernhard, „ich finde es nicht gut, wenn man mit seiner Ehrlichkeit so angibt!"

Die Mutter blättert im Fotoalbum. Kommt Jürgen und wirft auch einen Blick auf die alten Bilder: „Wer ist denn der schlanke junge Mann mit dem Wuschelkopf?"

„Aber Jürgen!", lacht die Mutter. „Erkennst du ihn denn nicht? Das ist doch dein Vater!"

„So was", sagt Jürgen. „Und wer ist dann der Fette mit der Glatze, der bei uns wohnt?"

Der Arzt will zu Hause ein Bild aufhängen. Dabei stellt er sich ganz fürchterlich ungeschickt an. Zuerst haut er sich mit dem Hammer auf den Daumen und dann fällt ihm das ganze Bild samt Rahmen auf den Boden. Beim Einsammeln der Scherben schneidet er sich schließlich noch in den Finger.

Seine kleine Tochter hat bisher schweigend zugesehen. Jetzt fragt sie: „Vati, warum steht auf deiner Tür eigentlich ‚Praktischer Arzt'?"

Mike ist bestens gelaunt. Beim Essen erzählt er: „Heute hat mich die Lehrerin vor der ganzen Klasse gelobt!"
„Das ist ja toll!", meint die Mutter. „Was hat sie gesagt?"
„Sie sagte: ‚Ihr seid alle Versager, aber Mike ist einfach der größte!'"

Der kleine Udo hat ein Schwesterchen bekommen. Er guckt sich das Baby näher an und sagt zur Mutter: „Die hat doch überhaupt keine Zähne und Haare!"
„Das kommt noch!", erklärt die Mutter.
„Verstehe", sagt Udo, „die werden nachgeliefert."

„Warum heißen meine Zähne eigentlich Milchzähne?", erkundigt sich der kleine Manuel interessiert.
„Weil du so viel Milch trinkst!", sagt die Mutter.
„Ah", meint Manuel, „dann hat also Papa Bierzähne!"

Udo läuft aufgeregt zu seiner Mutter. „Stell dir vor, was ich gerade gesehen habe!", ruft er. „Ich habe gesehen, wie der Egon die Marie geküsst hat, und zwar ganz lang und fest!"

„Aber das ist doch klar", erklärt die Mutter, „die beiden heiraten ja bald."

„Ach so", sagt Udo, „und wann heiratet Papi seine Sekretärin?"

Rolf: „Opa, schau, was ich für dich habe!"
Opa: „Aber das ist ja Gras! Was soll ich denn damit?"
Rolf: „Mama hat gesagt: ‚Wenn der Opa ins Gras beißt, dann kriegen wir eine Menge Geld!'"

Beim Mittagessen. Der kleine Franzi schneidet fein säuberlich die Rinde vom Brot herunter und isst nur das Weiche. „Schau, Franzi", sagt Opa, „wie ich die Rinde esse! Mmmh, das schmeckt!"
„Prima", meint Franzi, „meine kannst du auch haben!"

Der kleine Bernhard hat zum Geburtstag einen jungen Schäferhund bekommen. „Und wollt ihr ihn auch großziehen?", fragt ihn der Nachbar.
„Nein", antwortet Bernhard, „wir lassen ihn einfach wachsen!"

Oskar und seine Freunde spielen friedlich in der Sandkiste.

Plötzlich fangen sie zu streiten an. Oskars Mutter trennt die Kampfhähne.

„Was fällt dir denn ein", ruft sie, „warum wirfst du gleich fünf Steine auf deinen Freund?"

„Weil ich mit den ersten vier nicht getroffen habe!"

Fridolin kommt von einer Geburtstagsfeier nach Hause.

„Warst du auch artig?", fragt die Mutter.

„Klar!", sagt Fridolin.

„Und hast du dir auch nicht dauernd Kuchen nachgeholt?"

„Aber nein", erklärt Fridolin, „ich hab mir gleich am Anfang fünf Stück geholt!"

„Meine Mami sagt, dass Sie gar nicht verheiratet sind", sagt die kleine Anita zum Nachbarn.

„Nein, mein Schatz", antwortet der Nachbar, „ich habe keine Frau."

Anita denkt nach.

„Komisch", sagt sie, „und woher wissen Sie dann, was Sie tun müssen?"

Der Lehrer ist ein begeisterter Freizeitgärtner. Heute ist er wütend.

„Gestern in der Nacht haben mir gewisse Lausejungen wieder die besten Äpfel vom Baum gestohlen!", schimpft er. „Helmut, du warst wohl auch dabei!"

„Ich nicht", sagt Helmut, „dafür war ich noch zu klein. Ich darf erst nächstes Jahr mitmachen!"

Mutter hat Geburtstag. Diesmal weiß Anton schon ganz genau, was er ihr schenken wird: eine hübsche Dose für Pralinen. Er betritt einen Laden und bittet die Verkäuferin, ihm einige Dosen zu zeigen. „Und", will diese wissen, „wie soll sie aussehen? Wie groß? Welche Farbe? Welches Muster?"

„Ist mir egal", meint Anton. „Wichtig ist nur, dass der Deckel ganz leise auf- und zugeht!"

Die kleine Astrid fährt ihr noch kleineres Brüderchen im Kinderwagen spazieren. Fragt eine Frau zum Spaß: „Na, würdest du deinen Bruder verkaufen?"

„Vor einem Monat", meint Astrid nachdenklich, „hätten wir noch darüber reden können, aber jetzt nicht mehr. Wir haben einfach schon zu viel investiert!"

Die Mutter kommt nach Hause. Der kleine Martin begrüßt die Mutter herzlich. Seine Schwester Anna dagegen kümmert sich nicht sonderlich.

„Anna, du solltest dir ein Beispiel an Martin nehmen", meint die Mutter vorwurfsvoll. „Schau doch, wie nett er zu Mami ist. Und du sagst nicht mal ordentlich ‚hallo'."

„Kein Wunder", sagt Anna, „ich hab ja auch keine Vase runtergeworfen!"

Klein Manfred kommt in die Küche gerannt. „Ich habe den lieben Gott gezeichnet", berichtet er stolz.

„Aber mein Dummerchen", sagt die Mutter, „wie der liebe Gott aussieht, das weiß doch niemand."

„Vorher nicht", antwortet Manfred. „Aber jetzt weiß man es!"

Christoph geht das erste Mal alleine in die Kirche. Die Mutter gibt ihm zwei Geldmünzen mit: „Die eine ist für den Klingelbeutel, mit der anderen kannst du dir nach dem Gottesdienst ein Eis kaufen!"

Ungeschickt, wie Christoph nun mal ist, fällt er auf dem Weg zur Kirche hin. Dabei verliert er eine Münze. Sie rollt dahin und verschwindet auf Nimmerwiedersehen.

„Tut mir schrecklich leid, Jesus", sagt Christoph und wendet den Blick zum Himmel, „aber das war deine Münze!"

Heute war Kevin beim Besuch bei Onkel Lutz wirklich brav.
„Weil du dich so ordentlich benommen hast", sagt der Onkel beim Abschied, „darfst du in die Süßigkeitendose greifen und dir so viele Pralinen herausnehmen, wie du mit einer Hand fassen kannst."
„Mach doch", wendet sich Kevin an seine Mutter.
„Aber warum denn", will Onkel Lutz wissen, „bist du so schüchtern?"
„Nein", meint Kevin arglos, „aber Mami hat größere Hände!"

„Geh dir doch endlich einmal die Hände waschen, die sind ja furchtbar schmutzig!", schimpft die Mutter.
Hansi wäscht sich die Hände, wie ihm befohlen wurde.
„Aber die sind ja noch immer ganz schwarz!", ärgert sich die Mutter.
„Moment, Moment", beruhigt sie der Herr Sohn, „warte doch mal, bis ich sie abgetrocknet habe!"

„Hast du dich verschluckt?", fragt der Vater den kleinen Rolf beim Abendessen.

Rolf fasst sich an die Nase. „Nein", sagt er, „ich bin noch da!"

Frau Brösel will ein Stück Stoff zuschneiden.

„Jetzt ist die Schere ganz stumpf!", schimpft sie. „Das verstehe ich einfach nicht!"

„Verstehe ich auch nicht", meldet sich der kleine Daniel. „Ich habe gerade das Blech geschnitten und da war sie noch ganz in Ordnung!"

Die Mutter kommt nach Hause und sieht, dass die kleine Sophie wieder einmal kräftig zugelangt hat.

„Als ich wegging, waren noch fünf Tortenstücke in der Speisekammer", schimpft sie. „Und jetzt ist nur noch eins da. Hast du dafür vielleicht eine Erklärung?"

Sophie denkt scharf nach. „Doch, doch", antwortet sie nach einer Weile. „Wahrscheinlich war es so dunkel, dass ich das letzte Stück übersehen habe!"

Die Mutter ist sehr aufgebracht: „Martin, stimmt es, dass du Tante Olga eine Schlange ins Bett gelegt hast?"
„Ja, schon …", gibt Martin zu.
„Und wie kommst du dazu, deine Tante ausgerechnet mit einer Schlange zu erschrecken?"
„Ich musste die Schlange nehmen", sagt Martin. „Die Maus ist mir nämlich davongerannt!"

Eva war sehr frech und hat dafür von der Mutter einen kräftigen Klaps kassiert. Heulend läuft sie davon. Im Treppenhaus trifft sie ihren Vater. „Ja, was ist denn passiert?", will Vater wissen.
„Ach, nichts Besonderes", erklärt Eva, „ich hatte nur eben Krach mit deiner Frau."

Es ist Schlafenszeit und nur noch drei Tage bis Weihnachten. Alles ist ganz still und friedlich. Die Mutter bringt den kleinen Hajo zu Bett und wartet noch, bis er sein Nachtgebet gesprochen hat.
Da brüllt Hajo plötzlich los:
„Und, liebes Christkind", schreit er, dass die Wände wackeln, „liebes Christkind, bring mir zu Weihnachten bitte eine Eisenbahn!"

„Psst!", zischt die Mutter. „Sei doch still. Es gibt keinen Grund, so zu schreien. Das Christkind ist doch nicht schwerhörig."

„Aber der Opa drüben im Wohnzimmer!", erklärt Hansi.

„Vati ist stinksauer", berichtet Paul.

„Ja, aber warum denn?", will Mami wissen.

„Na ja", gibt Paul zu, „ich habe ihn gestört und dazwischengeredet, als er gerade einen seiner Witze erzählt hat."

„Ach, wann wirst du das endlich kapieren", sagt Mami seufzend. „Beim Witzeerzählen versteht Vati eben keinen Spaß!"

„Ich war einmal ein Zwilling", berichtet die kleine Anita ihrer Freundin.

„So ein Unsinn, wie kommst du denn darauf?", will die Freundin wissen.

„Meine Mutter hat gesagt: ‚Ich hab Fotos von dir, als du noch zwei warst!'"

Tina sitzt im Wohnzimmer und übt auf ihrer Block-flöte.

„Geh bitte in dein Zimmer", sagt die Mutter, „Vater kann nicht Zeitung lesen."

„So was", sagt Tina, „und ich bin erst neun und kann es schon."

Mariechen: „Mami, geht der liebe Gott eigentlich aufs Klo?"

Mutter: „Natürlich nicht. Warum fragst du?"

Mariechen: „Weil ich dich heute Morgen gehört habe, wie du an die Klotür geklopft und gesagt hast: ‚Du lieber Gott, wann bist du denn endlich fertig?'"

„Ach, Fritzchen, warum weinst du denn so?", fragt die Nachbarin mitfühlend.

„Mein Bruder hat seine Baseballmütze verloren", schluchzt Fritzchen.

„Und da musst du so weinen?"

„Ja", sagt Fritzchen. „Als er sie verloren hat, habe ich sie aufgehabt."

„Mama, darf ich zwei Stück Kuchen haben?"
„Natürlich, Kind. Warte, ich schneide dein Stück auseinander."

Die Taufpatin kommt zu Besuch und steckt dem Patenkind einen Fünfeuroschein zu. Der kleine Udo bedankt sich artig und gibt ihr eine kleine Papiertüte.
„Das sind ja Erbsen!", ruft sie. „Was soll ich denn damit?"
„Zählen natürlich", sagt Udo. „Vati sagt immer, du bist so eine Erbsenzählerin."

„Sag mal, Gustav", fragt die Mutter, „warum brauchst du denn so endlos lang für deinen Brief an Oma?"
„Aber du weißt doch", sagt Gustav, „wie schlecht ihre Augen schon sind. Da muss ich ganz langsam schreiben."

Udo quält sich mit seinen Rechenaufgaben. „Ich krieg's einfach nicht hin", seufzt er, „ich komm einfach nicht auf die Lösung. Anja, kannst du mir helfen?"

„Nein", sagt die große Schwester streng, „das wäre nicht in Ordnung."
„Komm schon", ruft Udo, „versuchen könntest du's doch wenigstens!"

Verena kommt von der Schule nach Hause.
„Meine Güte", beklagt sie sich, „was habe ich für Magenschmerzen."
„Das ist nichts Ernstes", tröstet die Mutter. „Das kommt, weil du nichts im Magen hast."
Da kommt Vater vom Büro nach Hause. „Meine Güte", jammert er, „was habe ich für Kopfschmerzen!"

Erwin trampelt mit Getöse die Treppe runter.
„Erwin", ruft der Vater aus dem Wohnzimmer, „wie oft habe ich dir schon gesagt, du sollst leise laufen. Du gehst nochmal rauf und kommst leise runter!"
Erwin geht hoch und der Vater lauscht angestrengt.
Da steht der Junge auch schon vor ihm.
„Prima", sagt der Vater, „und so machst du das jetzt immer."
„Gemacht", freut sich Erwin, „ich rutsche sowieso lieber auf dem Geländer runter."

Rolf: „Mein Papi ist ein Zauberer."
Heidi: „Wirklich?"
Rolf: „Wirklich! Ein Wink mit seinem Zauberpantoffel und ich bin verschwunden."

Der kleine Markus sitzt im Wohnzimmer weinend in der Ecke.
„Ja was ist denn los mit dir, kleiner Mann?", fragt der Großvater.
„Vati will nicht mit Cowboy und Indianer spielen", berichtet Markus heulend.
„Weißt du was", sagt der Großvater, „dann spielen eben wir beide Cowboy und Indianer!"
„Das geht nicht", heult Markus, „dich haben sie schon skalpiert."

Udo besucht seinen Freund Ralf. „Was habt ihr denn da für eine komische Uhr?", fragt Udo.
„Das ist eine Kuckucksuhr", erklärt Ralf. „Jede Stunde kommt der Kuckuck raus."
Udo kann es gar nicht glauben. „Wir haben zu Hause eine Großvateruhr", sagt er, „aber da ist der Großvater noch nie rausgekommen."

Marie hat einen Brief an den Großvater geschrieben und zeigt ihn der Mutter. „Fein", lobt die Mutter, „aber warum hast du so große Buchstaben gemalt?"
„Opa ist doch schwerhörig", sagt Marie, „und da musste ich ganz laut schreiben."

„Stell dir vor, Heinz, nächste Woche wird dein Urgroßvater 100 Jahre alt! Ist das nicht toll?"
„Er hat ja dazu auch ziemlich lange gebraucht."

„Hör mal, Klaus", sagt der Vater drohend, „womit habe ich dir für den Fall gedroht, dass ich dich einmal beim Rauchen erwische?"
„Das ist komisch, Papi", antwortet Klaus, „ich hab's auch vergessen."

„Sei nicht so gemein, Ralf", ruft die Mutter. „Lass deine Schwester auch mal mit den Murmeln spielen!"
„Aber sie gibt sie mir ja nie mehr zurück!", sagt Ralf.
„Wie willst du das wissen?"
„Sie isst sie auf!"

„Mami!", heult Susi. „Der blöde Jan hat meine Puppe kaputt gemacht!"
„Wie ist denn das passiert?"
„Ich hab ihm damit auf den Kopf gehauen!"

Der Lehrer hat endgültig genug von Peters Dummheiten und schreibt einen Brief an Peters Eltern.
„Peter!", brüllt der Vater. „Komm sofort her. Dein Lehrer schreibt, er sei vollkommen außerstande, dir auch nur irgendetwas beizubringen! Das ist einfach unerhört!"
„Finde ich auch", sagt Peter. „So schlechte Lehrer sollte man entlassen."

„Na, Rolf, und was hat deine Schwester zu Weihnachten von dir bekommen?"
„Die Masern."

„Vati", sagt Ralf, „der Junge von nebenan hat gesagt, dass ich dir ähnlich sehe."
„So", sagt der Vater, „und was hast du gesagt?"
„Nichts", sagt Ralf. „Er ist doch viel stärker als ich."

„Mami, kannst du mir bitte das Gesicht waschen?"
„Das kannst du doch schon selber machen!"
„Das schon. Aber dann werden meine Hände wieder ganz nass!"

„Wir sind mit dem Bundespräsidenten verwandt!", erzählt Hajo stolz.
Karin staunt. „Das ist ja ein Ding. Ist er dein Onkel oder so was?"
„Das nicht", sagt Hajo, „aber sein Hund ist der Bruder von unserem Hund."

„Sag mal, Klaus, kennst du ein Mädchen namens Birgit Meier?"
„Klar. Sie schläft in der Bank hinter mir."

„Meine Güte, Udo, wie siehst denn du aus!", ruft die Mutter. „Du hast gerauft, stimmt's? Und zwei Zähne verloren!"
„Die hab ich nicht verloren", sagt Udo, „die hab ich hier im Taschentuch."

„Olaf, wie oft soll ich dir noch sagen, dass du die Keks-
dose in Ruhe lassen sollst?"
„Gar nicht mehr. Sie ist schon leer."

Im Wohnzimmer scheppert es. Eine Sekunde darauf er-
scheint der kleine Gustav in der Küche. „Mami", sagt er
kleinlaut, „was würdest du mit jemandem machen, der
die Vase im Wohnzimmer kaputt gemacht hat?"
„Ich würde ihm ein paar auf den Po geben", sagt die
Mutter aufgebracht, „und dann ab ins Bett mit ihm
ohne Abendessen und eine Woche Fernsehverbot."
„Das wird lustig", sagt Gustav, „die Vase hat nämlich
Papi zerbrochen!"

Erichs Tante ist sehr religiös. Nach dem Abendessen sagt
sie zu Erich: „Und jetzt sag schön dein Dankgebet!"
„Danke, Gott", betet Erich.
„Das war aber nicht gerade großartig", sagt die Tante.
„Das Essen auch nicht", erwidert Erich.

Die liebe Familie

„Und", will Tante Trude von Klein Martin wissen, „wie gefällt dir dein neues Brüderchen?"

„Na ja", meint der darauf ungerührt, „was sollen wir tun. Jetzt können wir ihn sowieso nicht mehr zurückgeben, weil wir ihn schon länger als zehn Tage haben."

Herr und Frau Huber haben es geschafft: ein ruhiger Abend ohne Kinder. Für alle Fälle haben sie der Babysitterin die Handynummer aufgeschrieben … Auf einmal klingelt es.

Frau Huber flüstert ihrem Mann ins Ohr: „Die Babysitterin hat gerade angerufen!"

„Was will sie denn schon wieder wissen?"

„Sie lässt fragen, ob sie der Feuerwehr ein Trinkgeld geben soll."

Es ist Sonntag. Klein Max geht in die Kirche, um seine Sünden zu beichten. Sagt er zum Pfarrer: „Ich habe begehrt meines Nachbarn Weib."

Der Pfarrer kann es kaum fassen. „Ja, ist denn das wirklich wahr?", fragt er nach.

„Ja, doch", antwortet Max schuldbewusst, „die kann nämlich viel besser kochen als meine Mami!"

Fritzchen geht das erste Mal allein in die Kirche. „Sei ordentlich und bescheiden", ermahnt ihn die Mutter, „und mach mir keine Schande!"
Als er nach Hause kommt, will die Mutter wissen, ob er sich auch brav benommen hat.
„Aber natürlich", beruhigt Fritz die Mutter. „Als der Mann mit dem Korb voller Geld zu mir gekommen ist, hab ich ‚nein, danke' gesagt!"

„Wenn ich gähne, halte ich mir die Hand vor den Mund", erklärt Opa dem Hansi.
„Das brauch ich nicht zu tun", meint da der Junge, „mir fallen ja die Zähne nicht heraus!"

Familie Meier geht auf dem Markt einkaufen. Heute ist besonders viel los. Ein paar neue Stände gibt es auch.
Bei einem ruft ein Mann laut: „Neue prima Klobürsten, extra billig! Neue prima Klobürsten, extra billig!"
Sagt Klein Norbert zu seinen Eltern: „Die kaufen wir aber bitte nicht, ich hab mich jetzt schon so ans Papier gewöhnt!"

Es ist der erste wirklich warme Sommertag. Die Kinder gehen ins Schwimmbad. Wundert sich Franz und zeigt auf einen Fleck auf Helmuts Arm: „Was ist denn das?"
„Das ist ein Muttermal", klärt ihn Helmut auf.
Als sie sich die Hosen ausziehen, zeigt Franz auf einen blauen Fleck auf Helmuts Po: „Und was ist das?", will er wissen.
„Das da", erklärt Helmut, „ist ein Vatermal."

Es ist Vatertag. Bernd weiß noch nicht so recht, womit er dem Vater eine Freude machen soll. Da kommt er bei einem Blumengeschäft vorbei. In der Auslage steht in großer Schrift: „Lasst Blumen sprechen!"
„Das wär doch was", denkt sich Bernd. Er betritt den Laden und fragt die Verkäuferin: „Haben Sie auch Blumen, die ,Alles Gute zum Vatertag!' sagen?"

„Was ist denn eigentlich ein Dieb?", will die kleine Franziska von der großen Schwester wissen.
Sie erklärt es ihr: „Also, pass auf! Wenn ich dir aus dem Mantel zehn Euro herausnehme, ohne dass du es bemerkst, was bin ich dann?"
„Ein Zauberer!", ruft Franziska strahlend.

Andreas weint herzzerreißend. Fragt ihn Anton: „Ja, was ist denn so Furchtbares passiert?"

„Ich hab meine ganzen Süßigkeiten aufgegessen", schluchzt Andreas.

„Aber das ist doch nicht so schlimm", meint Anton.

„Doch, doch", erklärt Andreas, „ich hatte geglaubt, die Sachen gehören meiner Schwester!"

„Gibst du mir zehn Euro?", bettelt Georg seinen Vater an.

„Nein und abermals nein!", sagt der Vater unwillig.

Georg lässt nicht locker. „Und wenn ich dir verrate, was der Postbote heute zur Mami gesagt hat, krieg ich dann zehn Euro?"

„Also gut", erkundigt sich der Vater sichtlich gespannt, „was hat denn der Postbote zur Mami gesagt?"

„Er hat gesagt: ‚Guten Morgen, Frau Huber, hier ist Ihre Post.'"

Franz und Berta wollen heiraten. Doch so schnell geht das nicht. Zuvor will Bertas Vater wissen, ob Franz auch ein würdiger Schwiegersohn wäre. Deshalb stellt er einige Fragen:

„Rauchen Sie?", erkundigt er sich zunächst.

„Nein", antwortet Franz.

„Trinken Sie?", fragt der Vater dann.

„Nein."

„Interessieren Sie sich für andere Mädchen?"

„Nein."

„Ja, haben Sie denn überhaupt keine Schwächen?", fragt Bertas Vater schließlich ungläubig.

„Doch", antwortet Franz, „ich bin ein verdammter Lügner."

Robert und Friedrich unterhalten sich über ihre Eltern. Meint Robert: „Erwachsene sind eigentlich schon sonderbare Menschen. Zuerst setzen sie alles daran, dass wir reden lernen, und sobald wir endlich was sagen können, sollen wir den Mund halten!"

Zum Nachtisch hat jedes Kind ein schönes Stück Kuchen auf den Teller bekommen. „Ich möchte aber zwei Stücke!", nörgelt Jörg.

„Hier ist das Messer", meint Bruder Hans mitfühlend.

An der Kinokasse. Es ist schon Abend. Eine Frau fragt die Kassiererin: „Haben Sie einen kleinen blonden Jungen gesehen, braune Hose, grüner Pullover, rote Mütze?"

„Ja", antwortet die Kassiererin, „der sitzt nun schon die vierte Vorstellung im Saal."

„Gut", meint die Frau beruhigt, „das ist mein Sohn. Geben Sie ihm bitte diese Brötchen, das ist sein Abendessen!"

Franzi übt brav am Klavier. Da läutet es an der Wohnungstür. „Ich bin der Klavierstimmer", stellt sich der Mann vor der Tür vor.

„Aber wir haben doch gar keinen Klavierstimmer bestellt!", sagt Franzi.

„Sie vielleicht nicht", meint der Mann, „aber Ihre Nachbarn!"

„Tante Berta, ich habe gar nicht gewusst, dass du tanzen kannst", plappert Rudi.

„Wieso tanzen, wie kommst du denn darauf?", will die Tante wissen.

„Na ja, Papa sagt doch immer: ‚Da kommt die dumme Gans wieder angetanzt.'"

Klein Andreas schaut immer zu, wenn die Mutter das Baby nach dem Windelnwechseln pudert. Als er dann einmal zufällig sieht, wie sich seine große Schwester das Gesicht einpudert, ruft Klein Andreas aufgeregt: „Halt, aufhören! Du puderst ja an der ganz falschen Stelle!"

Frau Knösel hat Drillinge bekommen. Herr Knösel sitzt im Wartezimmer. Da kommt die Säuglingsschwester mit drei Babys im Arm.

„Na, Herr Knösel?", ruft sie strahlend.

„Tja", sagt Herr Knösel, „ich nehme das mittlere."

Heiner: „Mein Onkel Herbert hat sich jetzt aus den Tagesgeschäften zurückgezogen."

Holger: „Und was macht er jetzt?"

Heiner: „Er hat einen Job als Nachtwächter."

Die Mutter kommt von der Arbeit nach Hause. „Na, Kinder", fragt sie, „habt ihr die Küche gemacht, wie ich euch gebeten hatte?"

„Ja", ruft Udo, „ich habe das Geschirr abgewaschen!"
„Ja", ruft Sabine, „ich habe das Geschirr abgetrocknet!"
„Ja", ruft Max, „ich habe die Scherben weggefegt!"

„Mami", ruft die kleine Karin aus dem Kinderzimmer, „kann ich noch ein Glas Wasser haben?"
„Jetzt schlaf endlich, mein Kleines", antwortet Mami. „Du hattest doch schon drei Gläser!"
„Ich weiß", ruft Karin, „aber das Kinderzimmer brennt."

„Hört sofort auf zu streiten, Kinder!", schimpft die Mutter. „Man muss im Leben lernen, zu geben und zu nehmen!"
„Hab ich gemacht", ruft Udo, „ich hab ihm einen Fußtritt gegeben und den Lutscher genommen."

Heiner: „Meine Schwester hat ihren Freund auf einem Karussell kennengelernt."
Holger: „Und dann?"
Heiner: „Seither geht es bei denen rund!"

Die Bommels bekommen einen Brief von Tante Hilda. Frau Bommel macht ihn auf. Im Umschlag steckt ein leeres Blatt Papier.

„Das ist ja merkwürdig", sagt Herr Bommel.

„Finde ich gar nicht", meint Frau Bommel. „Schließlich sprechen wir schon seit Jahren nicht mehr miteinander."

Heiner: „Ich habe die Augen von der Mutter und die Nase vom Vater."

Holger: „Ist ja furchtbar. Und deine Eltern kommen trotzdem zurecht?"

Astrid spielt Klavier und singt dazu. Und singt und spielt und spielt und singt.

„Ich wollte, du würdest endlich im Fernsehen auftreten", sagt ihr kleiner Bruder.

„Ja, das wäre wirklich toll!", seufzt Astrid. „Und warum wünschst du dir das?"

„Dann könnte ich dich abdrehen", meint der kleine Bruder und grinst.

„Wie alt bist du denn jetzt, Gustav?", fragt Onkel Alfred.
„Acht, Onkel Alfred."
„Und was möchtest du einmal werden?"
„Neun!"

Die Knolles sind vom Urlaub zurück. „Und wie fanden Sie eigentlich Amerika?", fragt der Nachbar.
„Ganz einfach", sagt Frau Knolle, „am Nordpol sind wir rechts abgebogen."

Frau Knösel ist furchtbar stolz auf ihren Sohn. „Seit er sechs Monate alt wurde, läuft er jetzt schon!"
„Und wie alt ist er jetzt?", fragt die Nachbarin.
„Zwei Jahre", sagt Frau Knösel.
„Meine Güte", staunt die Nachbarin, „der muss ja schon ziemlich müde sein."

„Vielen Dank für das Kochbuch, das Sie mir vergangene Woche geschenkt haben", sagt Frau Knall. „Ich habe es sofort gelesen. Ich sage Ihnen, ich habe selten so geweint."

„Wieso geweint?", fragt Frau Bolle. „Wie kann man wegen eines Kochbuchs weinen?"
„Ach", sagt Frau Knall, „so viele rührende Szenen!"

„Liebe Anita", seufzt Karl, „ich verstehe einfach nicht, warum du mich nicht mehr heiraten willst. Ich habe dir doch erzählt, dass mein Onkel ein Millionär ist."
Anita schweigt.
„Oder ist da ein anderer Mann in deinem Leben?"
„Ja", gesteht Anita, „dein Onkel."

„Ich mach dir einen Vorschlag", meint Onkel Knut, „wenn du mir jede Woche einmal das Auto wäschst, bekommst du wöchentlich zehn Euro. Nächstes Jahr geb ich dir dann 20 Euro."
„Einverstanden", erwidert Udo. „Ich fange nächstes Jahr an."

„Ich hab gehört", sagt die Nachbarin, „dass Sie heuer im Sommer zu Hause bleiben, weil Sie sich keinen Urlaub in Italien leisten können."

„Dummes Zeug", meint Frau Knall. „Heuer können wir uns keinen Urlaub in Spanien leisten. Den Urlaub in Italien hatten wir uns letztes Jahr nicht leisten können."

„Papi, hilf mir!", ruft Volker. „Ich krieg den Kran einfach nicht zusammen."
„Aber auf der Packung steht, dass den Kran ein Fünfjähriger zusammenbauen kann", sagt der Vater.
„Das erklärt einiges!", meint Volker erleichtert. „Ich bin neunundzwanzig."

Herr und Frau Hömpel kommen an einer Waage vorbei. „Stell dich mal drauf!", sagt Frau Hömpel. Herr Hömpel stellt sich drauf.
„So", sagt Frau Hömpel, „und jetzt schauen wir in der Tabelle nach. Siehst du. Du hast Übergewicht."
„Ich habe kein Übergewicht", erklärt Hömpel. „Ich habe Untergröße."
„Was meinst du damit?", fragt Frau Hömpel.
„Ich bin zu klein für mein Gewicht."

Mutter: „Iss deinen Spinat, Udo, damit du etwas Farbe in die Wangen bekommst!"

Udo: „Will aber keine grünen Wangen!"

Familie Knall macht wieder einen Ausflug aufs Land. Sie wandern durch die Gegend und spazieren durch ein großes Tor in einen wunderschönen Park.

„He, Sie", ruft ein Mann mit Mütze, „das ist der Park von Schloss Zitzewitz. Haben Sie denn das Schild am Tor nicht gesehen?"

„Doch", sagt Herr Knall, „aber da stand ganz groß ‚Privat' und da wollten wir natürlich nicht weiterlesen."

„Heribert", ruft die Mutter, „du kommst mir erst rein, wenn du saubere Füße hast."

Heribert latscht ins Wohnzimmer und hinterlässt entsetzliche Fußstapfen auf dem Teppich.

„Heribert!", kreischt die Mutter. „Hab ich dir nicht gesagt –"

„Was hast du denn", sagt Heribert, „die Füße sind ja sauber. Nur die Schuhe sind dreckig."

Die Brösels haben eine neue Küchenuhr.

„Die geht fünf Jahre lang, ohne dass man sie aufzieht", prahlt Frau Brösel.

„Ach", sagt der Nachbar, „und wie lange geht sie, wenn man sie aufzieht?"

Karl und Otto laufen beim Pfarrhaus vorbei. Der Pfarrer lehnt sich über den Zaun und zeigt den beiden Jungen einen Ball.

„Ist das euer Ball?"

„Wieso", fragt Otto, „hat er was kaputt gemacht?"

„Nein", sagt der Pfarrer.

„Dann gehört er uns."

So ein Pech

Familie Schmid sitzt beim Mittagessen. Klein Anton meldet sich schon wieder zu Wort: „Du, Papi!"

„Ruhe", brüllt dieser ihn an, „wie oft hab ich dir jetzt schon gesagt, dass du beim Essen nicht reden sollst!"

Nach dieser unsanften Belehrung gibt Anton keine Silbe mehr von sich. Stumm wie ein Fisch guckt er zu.

Nach dem Essen wendet sich der Vater zum Junior: „So, mein Kleiner, jetzt kannst du wieder reden."

„Jetzt ist es leider schon zu spät", antwortet Klein Anton, „jetzt hast du den Wurm im Salat schon gegessen."

Ein aufgeregter Mann betritt die Polizeiwache.

„Man hat mir meine Perücke gestohlen!", ruft er voller Aufregung.

„Wir werden unser Bestes tun", verspricht der Beamte, „und die ganze Gegend durchkämmen!"

Hubsinger ist Angler und außerdem ein furchtbarer Angeber. Diesmal erzählt er einem Anglerfreund folgendes Schauermärchen: „Eines Tages hat mich ein riesiger Fisch ins Meer gezogen. Das Wasser war eiskalt und der Fisch zog mich ganz tief hinunter."

„Und wie sind Sie da wieder herausgekommen?", erkundigt sich der Freund.
„Gar nicht", erklärt Hubsinger mit ernster Stimme, „ich bin ertrunken."

Auf der Antiquitätenmesse. Zwei Aussteller unterhalten sich. Sagt der eine: „Wie geht's deiner Großmutter?"
„Die ist gestorben."
„Was hatte sie denn?"
„Einen Barockstuhl, einen Biedermeiertisch und eine gotische Kommode."

Das Filmteam ist mit den Nerven fertig. Schuld daran ist die arrogante Hauptdarstellerin, die an allem was auszusetzen hat. Heute steht eine Szene in einem Schwimmbad auf dem Programm. Der Star klettert den Zehnmeterturm hoch – und tritt plötzlich zurück.
„Warum springen Sie denn nicht?", fragt der Regisseur.
„Da ist ja kein Wasser im Becken!", ruft der Star entsetzt.
„Stimmt", sagt der Regisseur. „Wir wollten sichergehen, dass Sie nicht ertrinken!"

Heiner sieht ganz elend aus. „Ja, was ist denn heute mit dir los?", fragt ihn Holger.

„Ich habe gerade ein furchtbar trauriges Buch gelesen", erzählt Heiner niedergeschlagen.

„Was war denn das für ein Buch?", fragt Holger.

„Mein Sparbuch."

Der erfolglose Schriftsteller hat schon so manche Absage von Verlagen verdauen müssen. Diese Absage aber hat ihn wirklich mitgenommen. Der Verlag hat geschrieben: „Ihre Texte waren derart miserabel, dass wir sie umschreiben mussten, bevor wir sie in den Papierkorb werfen konnten."

Eine ältere aufgedonnerte Dame betritt die Kirche und stolziert in den Beichtstuhl.

„Hochwürden", seufzt sie, „ich denke immer nur daran, wie schön ich doch bin. Ist das eine schwere Sünde?"

„Das ist keine Sünde", sagt der Pfarrer. „Das ist ein Irrtum."

Es ist Winter. Herr Pflümli geht am See spazieren. Alles ist weiß und der See ist zugefroren. Da sieht er, wie ziemlich weit draußen ein Mann in einem Eisloch verschwindet. Dann schaut der Kopf des Mannes wieder aus dem Wasser.

„Sind Sie etwa eingebrochen?", ruft Herr Pflümli.

„Nein", schreit der Mann zurück, „der Winter hat mich beim Schwimmen überrascht!"

Zwei Fallschirmspringer springen aus großer Höhe aus dem Flugzeug. Eine halbe Minute lang fallen sie frei. Dann wollen sie die Fallschirme öffnen. Doch, oh Schreck, einer der Fallschirme will einfach nicht aufgehen. Verzweifelt zerrt der Springer an der Schnur.

„Mach dir nichts daraus", ruft ihm sein Kollege zu, „es ist ja nur ein Übungssprung!"

Der Direktor eines großen Kaufhauses lässt einen Verkäufer zu sich kommen: „Ich habe hier eine Beschwerde von einem Kunden, mit dem Sie gestritten haben. So etwas möchte ich nie wieder hören. Bei uns hat immer der Kunde recht! Haben Sie das verstanden?"

„Verstanden", sagt der Verkäufer und will das Büro verlassen. Da ruft der Direktor ihm nach: „Ach, sagen Sie mir doch, um was ist es bei diesem Streit eigentlich gegangen?"

„Er hat behauptet: ,Der Direktor dieses Kaufhauses ist ein geiziger Vollidiot!'"

Der berühmte Filmschauspieler steigt im Hotel Imperial ab – und ausgerechnet da passiert es. Feuer bricht aus und bald steht das Hotel in Flammen. Am Fenster im siebten Stock steht der Filmstar. Die Feuerwehrleute spannen das Sprungtuch und rufen ihm zu: „So springen Sie doch endlich!"

„Ich denke nicht daran!", schimpft der Star. „Holen Sie sofort meinen Stuntman!"

„Im Vergleich zu einem Krimi ist ein Fußballspiel todlangweilig", behauptet Paul.

„Wie kommst du denn darauf?", will Heiner von ihm wissen.

„Ist doch klar", sagt Paul. „Beim Fußball weiß man immer gleich, wer geschossen hat!"

Das Antiquitätengeschäft hat etwas ganz Besonderes zu bieten: den Original-Totenschädel von Mozart. Ein Kunde interessiert sich sehr für diese Rarität. Doch als er sich noch weiter im Laden umsieht, entdeckt er einen zweiten, kleineren Schädel, auf dem ebenfalls „Mozart" steht.

„Das ist ja Betrug!", ruft der Kunde.

„Keineswegs", sagt der Verkäufer. „Das dort drüben ist Mozarts Schädel, als er noch ein Kind war!"

Frau Pimpfl feiert ihren 90. Geburtstag. Der Bürgermeister gratuliert ihr persönlich. „Ich hoffe", sagt er, „dass ich Ihnen auch noch zum 100. Geburtstag gratulieren kann!"

„Aber warum denn nicht", meint Frau Pimpfl, „Sie sehen mir doch noch ganz rüstig aus!"

Frau Pampe hat sich in der Boutique eine todschicke Wolljacke gekauft. Als sie zu Hause das gute Stück näher betrachtet, ist sie entsetzt. Auf dem Etikett steht deutlich: „Polyester."

Wutentbrannt stürmt Frau Pampe in den Laden zurück und stellt die Verkäuferin zur Rede: „Können Sie mir erklären, wieso Polyester auf einer Jacke aus reiner Wolle steht?", schreit Frau Pampe.

„Beruhigen Sie sich", sagt die Verkäuferin. „Das haben wir nur draufgeschrieben, um die Motten zu täuschen!"

Im Treppenhaus trifft Frau Pampe die neue junge Mieterin von nebenan. „Könnten Sie uns heute vielleicht einmal Ihre tollen Lautsprecherboxen borgen?"

„Aber klar doch! Wollen Sie denn heute Nacht mal richtig schön feiern?"

„Nein, nein", meint Frau Pampe. „Heute Nacht wollten wir mal richtig schön schlafen!"

Der Pfarrer ertappt seine Haushälterin, wie sie im Klingelbeutel wühlt.

„Um Himmels willen, was machen Sie denn da!", ruft er entsetzt.

„Beruhigen Sie sich, Herr Pfarrer!", sagt die Haushälterin. „Ich suche nur einen passenden Knopf für Ihre Jacke!"

Herr Huber ärgert sich furchtbar. Er hat sich ein neues Lexikon gekauft und ist damit überhaupt nicht zufrieden. Er schreibt dem Verlag daraufhin einen geharnischten Beschwerdebrief: „Jetzt habe ich mir Ihr sauteures Lexikon gekauft und da steht nicht einmal das Wort Hübnose drin!"

„Man merkt, dass der Frühling kommt!", sagt Frau Bolle. „Der Nachbar hat die Schneeschippe zurückgebracht und den Rasenmäher ausgeborgt!"

Der Pfarrer repariert den Zaun des Pfarrgartens und der kleine Toni schaut zu. Da schlägt sich der Pfarrer plötzlich ganz fürchterlich auf den Finger. Der Pfarrer holt tief Luft, gibt aber keinen Ton von sich. Sagt Toni mitfühlend: „Jetzt müsste man halt fluchen dürfen, nicht wahr, Herr Pfarrer!"

Seppl und Bertl gehen in ein vornehmes Restaurant. Der Kellner empfiehlt Kaviar. „Was ist das?", erkundigt sich Seppl.

„Das sind Eier von Fischen", erklärt der Kellner.
„Gut", meint Bertl, „dann hauen Sie uns mal ein paar in die Pfanne!"

Im Büro. Der Neue hat seinen ersten Arbeitstag. Sagt der Chef: „Nehmen Sie mal den Besen dort in der Ecke und fegen Sie das Treppenhaus!"
„Moment mal", entrüstet sich der Angestellte, „ich habe studiert!"
„Ach so", sagt der Chef, „dann gehen Sie zuerst zur Putzfrau und lassen sich zeigen, wie so ein Ding funktioniert!"

Im Uhrengeschäft. Ein Mann kommt herein und beschimpft den Verkäufer: „Vor zwei Wochen habe ich bei Ihnen diese Uhr hier gekauft. Sie haben gesagt, dass sie bis an mein Lebensende gehen wird. Ohne Aufziehen, ohne Batteriewechsel. Und was ist jetzt? Nach nur zwei Wochen bleibt die Uhr stehen!"
„Tut mir leid", sagt der Verkäufer, „aber vor zwei Wochen haben Sie auch ziemlich krank ausgesehen."

Herr Vogel geht auf die Bank und hebt dort 500 000 Euro in bar ab. Der Kassierer bittet ihn, das Geld gleich nachzuzählen. Herr Vogel folgt diesem Rat und setzt sich in eine Ecke. Dort beginnt er, die Tausender laut zu zählen. Eintausend, zweitausend, dreitausend … Doch bei dreihundertundvierzigtausend hört er plötzlich auf und schiebt die Geldscheine in seine Aktentasche.

„Was ist denn los", fragt der Kassierer, „warum zählen Sie nicht weiter?"

„Ach wissen Sie", meint Herr Vogel, „wenn es bis hierher gestimmt hat, dann wird es auch weiter stimmen!"

Jörg geht zum ersten Mal ins Kino. Er kauft sich an der Kasse eine Karte und geht in den Saal. Gleich darauf kommt er wieder heraus und kauft sich wieder eine Karte. Und schon steht er wieder bei der Kasse an. So geht das eine ganze Weile. Schließlich fragt ihn die Kassiererin: „Ja, sagen Sie mal, warum kaufen Sie sich denn andauernd eine neue Kinokarte?"

„Gute Frage!", meint Jörg giftig. „Jedes Mal, wenn ich in den Saal hineingehe, steht da so ein Typ und zerreißt mir meine Karte!"

Der Chef ruft den neuen Angestellten zu sich.
„Sie sind entlassen!"
„Aber wieso denn, ich hab doch überhaupt nichts getan!"
„Eben!"

Rainer Hohn bewirbt sich um den Job. Heute hat er beim Direktor der Firma einen Vorstellungstermin. Der Direktor bittet ihn, Platz zu nehmen. „Wie heißen Sie bitte?"
„Mein Name ist Rainer Hohn."
„Also, kommen Sie", sagt der Direktor, „so schlimm wird Ihr Name doch auch wieder nicht sein!"

Vater und Tochter besuchen das Museum in der Stadt. Als sie vor einer Statue ohne Arme stehen, fragt die Tochter erstaunt: „Warum hat die Frau da denn keine Hände?"
„Siehst du", antwortet der Vater streng, „so geht es einem am Ende, wenn man dauernd an den Nägeln kaut!"

Heiner: „Ein Freund von mir hat unglaubliches Pech gehabt. Er ist Archäologe und hat gegraben und gegraben, bis er endlich auf eine alte Römerstraße stieß."
Holger: „Und dann?"
Heiner: „Dann wurde er von einem Streitwagen überfahren."

Am Montag nahm sich der Herr Pastor frei und spazierte zum Golfplatz. Wie es der Zufall wollte, wartete dort auch schon sein alter Golferfreund Jupp. Der war zwar kein ganz so guter Golfer wie der Pastor, aber immerhin. Die beiden beschlossen, ein Spiel zu wagen. Leider hatte Jupp einen wirklich miserablen Tag. Nichts gelang ihm. Immer wenn er einlochen wollte, rollte der Ball haarscharf am Loch vorbei. Und jedes Mal rief Jupp: „Verdammt. Daneben!"
Dem Pastor war das gar nicht recht. „Hör zu, Jupp", sagte er, „du sollst nicht fluchen. Du – sollst – nicht – fluchen!" Aber schon wieder hatte Jupp vorbeigetroffen. Und schon wieder sagte er: „Verdammt. Daneben!"
„Wenn du nicht mit dem Fluchen aufhörst", sagte der Pastor, „weißt du, was da passiert? Dann wird Gott einen Blitz zur Erde senden und der Blitz wird dich zerschmettern!"
Jupp war beeindruckt. Beim nächsten Loch bemühte er

sich sehr. Der Ball lag nur einen halben Meter vom Loch entfernt. Jupp guckte den Ball scharf an, putzte die Blätter vom Rasen, deutete den Schlag an und schob den Ball schließlich sanft in Richtung Loch. Doch der Ball rollte wieder knapp vorbei. „Verdammt! Daneben!", fluchte Jupp.

Da öffnete sich der Himmel. Donner rollten. Ein mächtiger Blitz schoss aus den Wolken und zuckte zur Erde herab und traf den Pastor.

Dann ertönte eine tiefe Stimme vom Himmel: „Verdammt! Daneben!"

Beim Eheberater. „Mein Mann behauptet dauernd, ich sei eine Uhr!", beklagt sich die Ehefrau.

„Ach was, der will Sie doch nur aufziehen!", beruhigt sie da der Doktor.

„Gestatten, dass ich mich vorstelle. Mein Name ist Kurz."

„Sehr erfreut. Mein Name ist auch kurz. Ich heiße Lang!"

Herr Pimpelmoser muss eine Ansprache vor der Handelskammer halten und ist furchtbar aufgeregt. Immer wieder läuft er in die Toilette und übt seinen Vortrag vor dem Spiegel. Da hört er eine Stimme aus einer der Kabinen.

„Sie scheinen ja mächtig nervös zu sein!"

„Ich und nervös, haha!", sagt Pimpelmoser.

„Na", sagt die Stimme, „dann scheren Sie sich aus der Damentoilette."

Der Nachtwächter der Firma Pimpelmoser hat gekündigt und jetzt wird ein Nachfolger gesucht. Der Chef lässt eine Anzeige in der Zeitung schalten: „Firma Pimpelmoser sucht ab sofort neuen Nachtwächter."

„Und, hat die Anzeige gewirkt?", fragt Frau Pimpelmoser am nächsten Tag.

„Und wie", sagt Herr Pimpelmoser sauer, „gleich in der nächsten Nacht wurde eingebrochen!"

Unterwegs

Ein Motorradfahrer ist recht flott unterwegs. Plötzlich überholt ihn eine Polizeistreife. Der Polizist ruft ihm zu: „Halten Sie sofort an!"

„Wieso, was ist denn los?"

„Sie haben Ihren Beifahrer verloren!", brüllt der Beamte.

„Ach so", sagt der Motorradfahrer, „und ich dachte schon, ich fahre zu schnell!"

Huber und Sohn machen mit dem Auto eine Spritztour. Bettelt der Sohn den Vater an: „Lass mich doch jetzt auch mal fahren, ich bin doch schon alt genug."

„Du schon", erwidert der Vater, „aber das Auto nicht!"

Eines Tages hat Herr Huber seinem Sohn das Auto doch mal geliehen. Das war nicht ganz vernünftig. Und es kommt, wie es kommen musste: Der Herr Sohn baut einen Unfall. Der Vater erkundigt sich in der Reparaturwerkstatt nach seinem Auto.

„Wollen Sie zuerst die gute Nachricht hören oder zuerst die schlechte?", fragt der Mechaniker.

„Zuerst die gute", meint Herr Huber.

„Also, Handschuhfach und Aschenbecher sind in Ordnung."

Fridolin fährt mit dem Auto ins Gebirge. Es ist ein wunderschöner Tag. Plötzlich streikt der Wagen. Nichts geht mehr. Fridolin steigt aus, öffnet die Motorhaube und versucht, den Fehler zu finden. Vergeblich. Da steht plötzlich eine schwarz gefleckte Kuh vor ihm und empfiehlt ihm, eine bestimmte Schraube nachzuziehen. Fridolin bedankt sich, zieht die Schraube nach, startet und fährt weiter.

An der nächsten Tankstelle bleibt er stehen und erzählt dem Tankwart die ganze Geschichte. Der kratzt sich verwundert den Kopf. „Eine schwarz gefleckte Kuh, sagen Sie? Wirklich schwarz gefleckt?"

„Eine schwarz gefleckte Kuh", bestätigt Fridolin.

„Kapier ich nicht", murmelt der Tankwart. „Normalerweise verstehen die Schwarzgefleckten rein gar nichts von Autos."

Im Sommer gibt's auf dem Bauernhof viel zu tun. Deshalb hat sich der Unterbauer dieses Jahr eine Ferienhilfe aus der Stadt engagiert. Zunächst ist er mit dem blassen Bürschchen ja ganz zufrieden. Eines Tages sieht er, wie der Stadtcowboy einer Kuh die frische Milch zu trinken gibt.

„Ja bist du denn von allen guten Geistern verlassen?", schreit der Bauer.

„Was regen Sie sich denn so auf", sagt der Städter. „Die Milch war heute etwas dünn. Da wollte ich sie noch einmal durchlaufen lassen!"

Fritz hat wieder einmal zu viel getrunken. Dann hat er sich hinters Steuer gesetzt und dann war da dieser Baum. Das Auto ist kaputt und Fritz ist bewusstlos. Zum Glück ist ihm nichts Ernstes passiert. Als er im Krankenhaus wieder zu sich kommt und die Augen öffnet, will er wissen: „Wo bin ich?"
Antwortet eine Stimme: „Auf Nummer 17."
„Nummer 17, was?", fragt Fritz. „Zimmer oder Zelle?"

Otto rennt wie ein Verrückter die Straße runter. Er sieht seinen Freund Anton. „Los, komm mit!", ruft er. „Jemand hat mir das Auto gestohlen, da vorne fährt er!"
„Hat doch keinen Zweck", sagt Anton. „Das schaffen wir doch nie!"
„Klar schaffen wir das!", ruft Otto und läuft weiter. „Du kennst mein Auto nicht!"

Montag früh. An der Bushaltestelle herrscht wieder ein fürchterliches Gedränge. Obwohl der Bus schon total überfüllt ist, will ein kleiner Mann noch unbedingt einsteigen. Er drängt und schiebt sich durch die Leute, aber man lässt ihn einfach nicht durch. Doch der kleine Mann gibt nicht auf.

„Sehen Sie denn nicht, dass der Bus schon mehr als voll ist!", herrscht ihn eine Frau an. Und eine andere meint ärgerlich: „Sie glauben wohl, Sie sind was Besonderes. Können Sie denn nicht den nächsten Bus nehmen?"

„Nein, das geht nicht", sagt der kleine Mann ganz ruhig.

„Und warum nicht, wenn ich fragen darf?"

„Ich bin der Busfahrer."

Ein ungemütlich aussehender Bursche steigt in die Straßenbahn ein und sagt lässig zum Fahrer: „Heute zahle ich nicht!" Am nächsten Tag spielt sich die gleiche Szene ab. Am dritten Tag wendet sich schließlich eine alte Dame an den Straßenbahnfahrer und flüstert: „Ja wieso lassen Sie denn den Kerl immer gratis fahren?"

„Ach wissen Sie", sagt der Fahrer, „den kenne ich. Der hat eine Monatskarte!"

Ein Maskierter stürzt ins Eisenbahnabteil und ruft: „Geld oder Leben!"

Der Überfallene wird leichenblass und zittert am ganzen Leib. „Ich habe kein Geld!", sagt er verzweifelt.

„Und warum zittern Sie dann so, hä?", will der Gangster wissen.

„Ich hatte schon befürchtet, dass der Schaffner kommt."

Im Bus. Ein junger Mann bietet einer älteren Frau seinen Platz an.

„Das ist aber sehr aufmerksam von Ihnen, junger Mann!", bedankt sich die Frau.

„Gern geschehen", sagt der junge Mann. „Wissen Sie, Sie erinnern mich nämlich an jemanden, den ich sehr mag."

„An Ihre Tante oder an Ihre Großmutter vielleicht?", erkundigt sich die Frau neugierig.

„Nein", erklärt der junge Mann, „an meinen Hund."

Auf dem Flughafen. Die große Passagiermaschine hätte schon längst starten sollen, aber sie steht noch immer auf dem Rollfeld. Der Pilot weigert sich, mit dem uralten Motor zu fliegen.

Endlich ist es so weit. Die Stewardess verkündet den Passagieren, dass man gleich starten werde.

„Ah", sagt ein älterer Herr beruhigt, „wurde also doch der Motor ausgetauscht!"

„Der Motor nicht", sagt die Stewardess, „aber der Pilot!"

Der Topmanager winkt aufgeregt ein Taxi herbei.

„Und wohin soll ich Sie bringen?", erkundigt sich der Fahrer.

„Ist egal", meint der Manager hastig. „Einer wie ich wird überall gebraucht!"

Ein neugieriger Sommerfrischler interessiert sich sehr für das bäuerliche Leben. „Wie viel Milch geben Ihre Kühe eigentlich so am Tag?", will er vom Bauern wissen.

„Na, vielleicht so 200 Liter", meint der Bauer.

„Und wie viel davon verkaufen Sie weiter?", erkundigt sich der Städter fachmännisch.

„Ja, also", sagt der Bauer, „250 Liter werden es schon sein!"

Im Zug. Herr Knolle will unbedingt ein Gespräch mit seinem Sitznachbarn anknüpfen.

„Fahren Sie auch nach Frankfurt?", fragt er.

„Ja", sagt der Nachbar.

„Und was machen Sie dort?", will Knolle wissen.

„Aussteigen!"

Der Pilot wischt sich den Schweiß von der Stirn.

„Puh, das war aber ganz schön anstrengend", sagt er, „die Reklameschrift so exakt in den Himmel zu schreiben!"

„Tut mir leid, Junge", sagt der Boss, „du musst nochmal rauf. Du hast das Ausrufezeichen am Ende vergessen!"

Bodo braust mit dem Motorrad dahin. Auf dem Kopf trägt er eine Zipfelmütze. Ein Polizist hält ihn sofort an.

„Sie tragen keinen Helm!", erklärt der Ordnungshüter und will das Bußgeld kassieren.

„Aber sehen Sie denn meine Sicherheits-Zipfelmütze nicht?", fragt Bodo erstaunt.

„Hören Sie, machen Sie keine Witze. Die Zipfelmütze schützt Sie doch nicht bei einem Unfall!"

„Da haben Sie aber eine Ahnung", sagt Bodo. „Ich habe

nämlich extra einen Test gemacht. Ich hab meine Zipfelmütze und meinen Helm vom zwanzigsten Stock auf den Parkplatz geworfen. Der Helm war kaputt, die Zipfelmütze ist heil geblieben!"

Im Tower des Flughafens. Plötzlich ertönt aus dem Lautsprecher eine Stimme: „Hier Flug 73 12. Wir haben nur noch zwanzig Liter Kerosin. Bitte kommen!"
Der diensthabende Fluglotse antwortet: „Jetzt ganz ruhig bleiben. Bitte geben Sie Ihre Position an."
Einige Sekunden herrscht absolute Funkstille. Im Tower befürchtet man schon das Schlimmste. Da meldet sich die Stimme wieder. „Wir stehen auf Landebahn Nummer vier. Wann, zum Teufel, kommt endlich ein Tankwagen?"

Im Treppenhaus eines großen Bürogebäudes. „Können Sie mir bitte sagen, wo hier das Reisebüro ist?", fragt ein Mann den Portier.
„Im fünften Stock", antwortet der Portier. „Wollen Sie mit dem Lift fahren?"
„Nein", sagt der Mann, „ich hatte eigentlich an eine Flugreise gedacht."

Heiner und Holger haben die Nacht durchgemacht. Frühmorgens steigen sie ins Auto und fahren gemeinsam nach Hause.

„Pass doch auf!", schreit Heiner plötzlich. „Jetzt wärst du bald in den Straßengraben gefahren!"

„Wieso ich", ruft Holger, „ich dachte, du fährst!"

Ein großes Passagierschiff ist untergegangen. Glücklicherweise konnten sich alle Fahrgäste und Mannschaften retten. Jetzt treiben sie in Rettungsbooten auf dem Meer.

„Wie weit ist es denn bis zum Land?", erkundigt sich einer der Passagiere beim Kapitän.

„Ungefähr einen Kilometer", meint der Kapitän.

Alle blicken sich um, doch nirgendwo ist Land zu sehen. „In welcher Richtung?"

„Richtung unten", sagt der Kapitän.

Kreuzfahrt durch die Südsee. Ein Passagier steht an der Reling und blickt in die Ferne. Da fährt das Schiff an einer einsamen Insel vorbei. Am Strand hüpft ein Mann auf und ab und winkt verzweifelt. Haar und Bart sind lang, er ist mit Fellen bekleidet. Er springt wie verrückt

in die Luft, läuft wild hin und her und stößt heisere Schreie aus. Der Passagier läuft zum Kapitän.
„Da draußen, auf der einsamen Insel", ruft er, „da springt einer herum und schreit und winkt wie verrückt!"
„Machen Sie sich nichts draus", sagt der Kapitän. „Den verrückten Typen kennen wir. Jedes Mal, wenn wir vorbeikommen, macht er dasselbe Theater."

Ein Fischerboot ist gesunken und es gibt nur einen einzigen Überlebenden. Er berichtet: „Zuerst konnten wir uns alle auf eine kleine Insel retten. Aber zu essen hatten wir nichts. Schließlich mussten wir unsere Schuhe aufessen."
„Aber warum haben dann nur Sie überlebt?", will der Reporter wissen. „Sie waren wohl der Stärkste?"
„Das nicht, aber ich hatte die größten Schuhe!"

Der alte Kahn fährt die Küste entlang. Auf Deck steht der Kapitän und preist seine tollen Ortskenntnisse an: „Diese Küstengegend kenne ich in- und auswendig. Ich weiß von jeder einzelnen Sandbank, wo sie liegt!"
Da geht ein Ruck durch das Boot. „Na, sehen Sie", sagt der Kapitän, „da ist schon eine!"

Zwei Männer blicken zum nächtlichen Sternenhimmel empor und suchen das Sternbild des Großen Bären. Aber sie finden es einfach nicht.

„Wissen Sie vielleicht, wo der Große Bär ist?", fragen sie einen Spaziergänger.

„Keine Ahnung!", sagt der Mann. „Ich bin auch nicht von hier."

Eine ältere Dame beschwert sich beim Straßenbahnfahrer: „Als ich noch jung war, war das Personal bei der Straßenbahn noch viel kultivierter!"

„Unsinn", sagt der Fahrer, „damals hat's noch gar keine Straßenbahn gegeben!"

Herr Blümchen hat sein Auto generalüberholt. Alles blitzt, alles ist überprüft, alles ist repariert. Und alles hat Herr Blümchen selbst gemacht.

Auch Frau Blümchen ist begeistert. „Du wirst sehen", sagt sie, „das Auto läuft jetzt bestimmt doppelt so gut!"

„Was heißt hier doppelt so gut?", fragt Herr Blümchen.

„Na ja", sagt Frau Blümchen, „bis jetzt musstest du immer hundert Meter schieben, bis der Kübel ansprang. Jetzt genügen bestimmt zweihundert Meter!"

Die Straße ist abgesperrt. Der Autobus steht quer zur Fahrbahn. Die Polizei versucht, die Unfallursache zu ermitteln. Der Busfahrer wird vernommen.

„Können Sie uns sagen, wie es zu dem Unfall gekommen ist?", fragt der Polizist.

„Keine Ahnung", entgegnet der Fahrer, „als es krachte, war ich gerade hinten Fahrkarten verkaufen!"

Karl-Otto an der Tankstelle.

„Ach, schauen Sie doch mal kurz nach den Reifen", bittet er den Tankwart.

Der geht auch gleich ums Auto herum und sagt: „Sind alle dran!"

Herr Knolle hat sich einen neuen Gebrauchtwagen gekauft. Ganz zufrieden ist er aber nicht. Er fährt zum Händler zurück und sagt: „Also, das Auto ist ja ganz okay. Aber egal, wie schnell ich fahre, der Tacho steht dauernd auf fünfzig Stundenkilometer!"

„Wenn's weiter nichts ist", meint der Händler, „hier hab ich einen Tacho, der zeigt immer hundertachtzig!"

Der Fernfahrer ruft seinen Chef an: „Tut mir leid, Chef, aber ich kann einfach nicht mehr weiterfahren. Der Seitenspiegel ist völlig kaputt."

„Na, dann schrauben Sie doch einen neuen Spiegel an!", meint der Chef verärgert.

„Das geht leider nicht", sagt der Fernfahrer, „da liegt der ganze Lastwagen drauf!"

Fridolin gibt seinem Freund einen guten Rat: „Du solltest deinen Wagen wirklich einmal überholen lassen!"

„Ist überhaupt nicht nötig", meint der Freund ganz gelassen, „mein Auto wird sowieso dauernd überholt. Jetzt überholen mich sogar schon Radfahrer!"

Otto will einen neuen Gebrauchtwagen. Beim Händler sieht er ein Schild „Gebrauchtwagen mit Garantie".

Otto ist begeistert und kauft sich einen alten Opel.

„Noch eine Frage", sagt er vor dem Wegfahren, „wie sieht Ihre Garantie eigentlich aus?"

„Ich garantiere Ihnen", sagt der Händler, „dass der Wagen gebraucht ist."

Die Urlaubsgäste stehen vor der berüchtigten Höllenschlucht und starren ängstlich in die Tiefe.
Ein Urlauber fragt den Bergführer zaghaft: „Sagen Sie, fallen hier die Fremden nicht oft hinein?"
„Nein", sagt der Bergführer, „eigentlich immer nur einmal!"

Verkehrskontrolle. Herr Knösel ist viel zu schnell unterwegs und tappt in eine Radarfalle. Der Polizist hält ihn an und überprüft bei der Gelegenheit auch gleich das ganze Auto.
„Nicht nur, dass Sie wie ein Verrückter rasen", sagt der Beamte, „dazu sind auch noch Ihre Bremsen völlig im Eimer!"
„Deswegen rase ich ja wie ein Verrückter", jammert Knösel, „damit ich zu Hause bin, bevor was passiert!"

Vor Gericht. Eine vornehme Dame mittleren Alters sitzt auf der Anklagebank. Sie war in einen Autounfall verwickelt.
„Ihr Name?", fragt der Richter.
„Vogel."

„Vorname?"

„Maria."

„Beruf?"

„Malerin."

„Alter?"

„Das sag ich nicht, das geht niemanden etwas an!", sagt die Angeklagte.

„Aber das müssen Sie!", erklärt der Richter.

„Nein!"

„Schön", meint der Richter, „dann lasse ich Sie schätzen."

Im Fremdenverkehrsbüro eines idyllischen Dorfes in den Alpen.

Ein Urlaubsgast beschwert sich: „Ich habe gerade die Wanderung gemacht, die Sie mir heute Morgen empfohlen haben. Aber das ist ja lebensgefährlich. Mehrere Male wäre ich fast in die Schlucht gestürzt. Da müssen Sie unbedingt ein Geländer hinmachen!"

„Haben wir auch gehabt", sagt der Einheimische. „Aber die Fremden haben das Geländer immer mit in die Tiefe gerissen. Und das ist uns einfach zu teuer geworden!"

Otto kommt vom Abenteuerurlaub in Afrika zurück und erzählt seinen Kollegen: „Ich gehe gerade gemütlich spazieren. Plötzlich taucht ein Löwe auf. Ich renne um mein Leben. Der nächste Baum ist weit weg. Ich spür schon seinen heißen Atem im Nacken. Der Löwe fletscht die Zähne und kommt näher und näher. Ich glaubte schon, es ist aus mit mir. Da rutscht der Löwe aus. Ich klettere auf den Baum und bin in Sicherheit."
Die Kollegen sitzen mit offenem Mund da. „Also, Otto, wirklich", sagt einer, „wie du da die Nerven behalten hast, da kann ich dich wirklich nur bewundern. Ich hätte vor Angst in die Hose gemacht!"
„Na ja", sagt Otto, „worauf glaubt ihr denn, dass der Löwe ausgerutscht ist!"

Fahrkartenschalter auf dem Bahnhof.
„Eine Rückfahrkarte, bitte."
„Eine Rückfahrkarte, wohin?"
„Eine Rückfahrkarte hierher zurück, bitte."

Die Knösels machen Urlaub am Meer. Gestern sind sie im Grandhotel Excelsior angekommen, heute wollen sie zum ersten Mal zum Strand.

Doch zuvor wendet sich Herr Knösel an den Portier.
„Ist ja nur so eine Frage", sagt er nervös, „aber sind Sie
sicher, dass es am Strand auch keine Krokodile gibt?"
„Aber woher denn", sagt der Portier, „die sind doch
längst alle von den Haifischen gefressen worden."
„Haifische!", kreischt Frau Knösel. „Das ist ja fast noch
schlimmer!"
„Beruhigen Sie sich", sagt der Portier, „die Haie sind
auch schon alle tot. Haben den Dreck im Wasser nicht
vertragen."

Treffen sich zwei Angeber. „Stellen Sie sich vor", erzählt
der eine, „voriges Jahr war ich in Amerika und habe die
Niagarafälle gesehen. Das war einfach unglaublich. Ich
genieße gerade die herrliche Aussicht – schwimmt da
nicht glatt ein Mann die Wasserfälle hoch!"
„Ich weiß", sagt der andere, „das war ich!"

Ulrich zeigt seine Urlaubsfotos.
„Hier bin ich, beim Surfen in Hawaii."
„Toll", sagt Margot.
„Hier beim Trekking durch Bhutan", sagt Ulrich. „Hier
auf Safari in der Serengeti. Hier beim Rafting im Colo-

rado River. Hier beim Freeclimbing in den Dolomiten. Hier beim Windsurfen vor Fuerteventura. Hier beim Ballonfahren in Neuseeland. Und hier beim Kamelreiten in der Sahara."

„Kamelreiten, toll", sagt Margot. „Und wer sitzt da auf dir drauf?"

„Neulich bin ich die ganze Strecke von Bremen nach Wien ohne Fahrkarte gereist."

„Wie hast du denn das geschafft?"

„Ich bin mit dem Auto gefahren."

Die Knalls wollen sich ein Segelboot auf dem Wörthersee mieten. Zuvor muss Herr Knall eine kleine Prüfung machen.

„Herr Knall", fragt der Prüfer, „angenommen, Sie sind weit draußen auf dem See. Und plötzlich kommt ein Sturm auf und Sie schaffen es auf keinen Fall mehr bis zum Jachthafen – was machen Sie?"

„Ich werfe einen Anker aus", sagt Herr Knall.

„Und dann kommt noch eine Sturmböe, was machen Sie dann?"

„Dann werfe ich noch einen Anker aus."

„Na, und wenn dann noch ein Sturm kommt", fragt der Prüfer ungeduldig, „was dann?"

„Dann werfe ich noch einen Anker aus", erklärt Herr Knall seelenruhig.

„Herr im Himmel", ruft der Prüfer, „wo nehmen Sie denn all die Anker her?"

„Von dort, wo Sie die Stürme herkriegen."

Der Autofahrer hat sich hoffnungslos verirrt.

In einem kleinen Dorf hält er an und fragt einen Einheimischen, wohin diese Straße geht.

„Die geht nirgendwohin", sagt der Dörfler, „die bleibt, wo sie ist."

In der Bahnhofshalle. Ein Bettler stellt sich einem Fahrgast in den Weg und streckt die Hand aus. „Haste mal zehn Euro für'n Bierchen?"

„Frechheit", sagt der Fahrgast, „ein Bier kostet doch nicht zehn Euro!"

„Ich erwarte Gesellschaft", sagt der Bettler.

Das Tiroler Bergdorf ist berühmt dafür, dass die Einwohner unglaublich alt werden. Kommt ein Tourist ins Wirtshaus und fragt nach dem ältesten Dorfbewohner.
„Haben wir nicht", sagt der Wirt.
„Wirklich, wieso denn nicht?", fragt der Tourist völlig verblüfft.
„Der ist letzte Woche gestorben."

Der kleine Max ist ja einiges gewohnt. Aber so, wie Oma mit dem Auto übers Land braust, das geht wirklich zu weit.
„Fahr doch nicht so schnell in die Kurven, Oma", fleht Max. „Ich krieg ja richtig Angst!"
„Mach's einfach wie ich", ruft Oma vergnügt, „wenn's brenzlig wird, Augen zu und durch."

Der Tourist spaziert im Bergdorf herum und trifft einen uralten Einheimischen mit Rauschebart.
„Sagen Sie, haben Sie hier Ihr ganzes Leben lang gelebt?", fragt der Tourist. „Noch nicht", sagt der Einheimische.

Die Knösels sind endlich am Urlaubsort angekommen. An der Rezeption im Hotel wundert sich Herr Knösel über den Zimmerpreis.

„Hören Sie", sagt Herr Knösel zum Portier, „im Prospekt steht, dass die Zimmer vierzig und sechzig Euro kosten. Und jetzt verlangen Sie auf einmal hundert Euro. Was soll das?"

„Können Sie denn nicht rechnen?", sagt der Portier. „Vierzig Euro und sechzig Euro sind hundert Euro!"

Ein sehr dicker Mann beschwert sich beim Busfahrer: „Dieser Bus ist aber wirklich sehr langsam."

„Steigen Sie aus, dann holen wir wieder auf."

Die Hömpels fahren in den Urlaub und packen ihre Siebensachen. Fritzchen steht mit seinem Köfferchen schon die längste Zeit bereit.

„Hast du denn all deine Sachen beisammen, Kleiner?", ruft Vater.

„Klar doch", sagt Fritzchen.

„Wirklich?", fragt die Mutter. „Auch deine Zahnbürste?"

„Zahnbürste!", ruft Fritzchen angewidert. „Ich dachte, wir fahren in den Urlaub!"

In der Bahnhofshalle. „Wohin fährt dieser Zug?", fragt die alte Dame.

„In zehn Minuten nach Berlin", sagt der Beamte.

„So was", sagt die alte Dame, „letztes Mal hat er noch vier Stunden gebraucht."

In der Bahnhofshalle. Fahrgast: „Ich brauche schnell einen Zug nach Düsseldorf. Kann ich den auf Gleis 14 nehmen?"

Beamter: „Sicher. Ich an Ihrer Stelle würde aber auf den Lokführer warten und einfach mitfahren."

Zwei Männer im Nichtraucherabteil. Einer zieht seine Zigaretten heraus und fragt: „Entschuldigen Sie, macht es Ihnen was aus, wenn ich rauche?"

„Aber nein", sagt der andere freundlich, „wenn es Ihnen nichts ausmacht, wenn ich kotze."

Flughafen Frankfurt. In fünf Minuten soll die Maschine nach Hongkong starten. Doch eine alte Dame blockiert den Einstieg und wehrt sich nach Leibeskräften. „Ich will nicht, ich will nicht!", ruft sie. Schließlich gelingt es, sie auf einen Sitz zu verfrachten. Das Flugzeug startet in den Fernen Osten.

„Ich will nicht, ich will nicht!", ruft die alte Dame.

„Was haben Sie denn", fragt die Stewardess freundlich, „fürchten Sie sich vor dem Fliegen?"

„Das nicht", jammert die alte Dame, „aber ich will nach Berlin!"

Tante Emma macht eine Kreuzfahrt. Die See ist rau und Tante Emma furchtbar seekrank. Sie wankt mit letzter Kraft zum Schiffsarzt. „Ich weiß gar nicht, was ich tun soll", stöhnt sie.

Der Schiffsarzt holt einen Eimer. „Wissen Sie was", sagt er, „übergeben Sie den Fall mir."

Urlaub in Spanien. Die Sonne versinkt im Meer. Die kleine Susi steht am Strand. „Komm, Susi", ruft die Mutter. „Wir müssen ins Hotel."

„Nur noch ein bisschen", sagt Susi.

„Sag, wie lange willst du denn noch in die Sonne starren?", ruft die Mutter.

„Bis es zischt."

Beim Onkel Doktor

Der kleine Frank soll geimpft werden. Das mag er gar nicht. Auf dem ganzen Weg zum Arzt quengelt er. Noch im Wartezimmer nervt er die Mutter. Endlich ist es so weit. Der Arzt redet Frank gut zu: „Weißt du eigentlich, gegen was du geimpft werden sollst?"

„Ja, klar", schreit Frank. „Gegen meinen Willen!"

In der Universitätsklinik. Der Patient wacht aus der Narkose auf. Er bemerkt, dass er nicht nur einen Verband am Bauch hat, sondern auch ziemliche Halsschmerzen. „Das ist ganz normal nach einer Mandeloperation", erklärt der Arzt.

„Aber Sie wollten mir doch den Blinddarm herausnehmen", krächzt der Patient. „Wie kommen Sie dazu, mir die Mandeln zu entfernen?"

„Ach wissen Sie", sagt der Arzt, „die Blinddarmoperation ist so gut gelungen, da wollten die Studenten noch unbedingt eine Zugabe!"

Beim Psychiater. „Herr Doktor, mein Mann hält sich für ein Pferd", klagt eine elegant gekleidete Dame und spielt nervös mit ihren goldenen Ringen. „Es ist furchtbar. Er wiehert den ganzen Tag und isst nur noch Hafer!"

„Da hilft nur eine lange Therapie", sagt der Psychiater. „Aber um es gleich zu sagen: Das kann teuer werden." „Wissen Sie, Geld spielt keine Rolle", beruhigt ihn die Dame. „Zum Glück gewinnt er ja jedes Rennen!"

Eine Frau kommt mit blutendem Arm zum Arzt. „Konnten Sie nicht eine halbe Stunde früher kommen", schimpft der Arzt, „als ich noch Sprechstunde hatte!" „Tut mir sehr leid, Herr Doktor", erwidert die Patientin, „aber der Hund hat mich erst vor zehn Minuten gebissen!"

Frau Mommelmann hat ein anderes Problem. Gemeinsam mit dem kleinen Udo kreuzt sie beim Psychiater auf. „Der arme Junge hält sich für eine Parkuhr", schluchzt Frau Mommelmann. „Na, mein Junge", sagt der Psychiater, „erzähl doch mal selbst." Udo schweigt. „Und reden kann er auch nicht?", fragt der Arzt. „Wie denn auch", schluchzt Frau Mommelmann, „wo er doch den Mund voller Münzen hat!"

„Ihr Mann war schwer krank", sagt der Arzt mit ernster Miene. „Jetzt braucht er absolute Ruhe. Ich gebe Ihnen diese Schlaftabletten mit."

„Und wann soll er die einnehmen?", erkundigt sich Frau Schöbel.

„Gar nicht", erklärt der Arzt, „die sind für Sie!"

Heiner lässt sich gründlich untersuchen.

„Schwache Kondition", sagt der Arzt. „Treiben Sie eigentlich Sport?"

„Ja, ja, ich sammle Briefmarken."

„Aber das ist doch kein Sport!", sagt der Arzt.

„Doch, doch", sagt Heiner. „Ich sammle nämlich Olympiabriefmarken!"

Dracula ist beim Zahnarzt.

Nachdem das Gebiss des Vampirs wieder tipptopp in Ordnung ist, fragt der Zahnarzt: „Soll ich die Zähne noch abschleifen?"

„Abschleifen doch nicht!", ruft Dracula entsetzt. „Zuspitzen!"

Eine Frau kommt zum Psychiater: „Es ist furchtbar", klagt sie, „mein Junge glaubt seit einigen Monaten, dass er eine Henne ist!"

„Ja, aber warum sind Sie denn da nicht schon viel früher gekommen?", fragt der Doktor.

„Na ja", sagt die Mutter, „wo wir doch die Eier so dringend gebraucht haben!"

Herr Bohrer ist Zahnarzt mit Leib und Seele. Nicht einmal beim Golfspielen kann er abschalten. Als neulich der Ball zum Loch rollte, sagte er: „So, und jetzt bitte ganz weit aufmachen!"

Herrn Hinterberger hat ein ganz anderes Problem zum Arzt geführt.

„Ich muss immer Sachen stehlen", jammert er, „ob ich will oder nicht. Ich kann es einfach nicht lassen!"

Der Arzt beruhigt den Patienten und verschreibt ihm dann Tabletten. „Versuchen Sie es mal damit!"

„Und wenn das nichts hilft?", fragt Herr Hinterberger.

„Dann bringen Sie mir beim nächsten Mal eine Rolex mit!"

Die Klosterschwester ist krank und lässt sich vom Arzt untersuchen.

„Nun", fragt sie, „ist es gefährlich?"

„Ach nein", sagt der Arzt. „Ist doch alles halb so schlimm. In ein paar Tagen haben wir Sie schon wieder auf den Knien!"

Eine Frau geht zum Psychiater:

„Ich komme wegen meines Mannes", erzählt sie. „Er bildet sich ein, ein Flugzeug zu sein!"

„Tja", sagt der Doktor, „schwierig, schwierig, aber wir werden das schon hinkriegen. Ihr Mann soll doch einmal selber vorbeikommen!"

„Gut, das werde ich ihm sagen", sagt die Frau.

Sie überlegt eine Weile und fragt: „Wo ist denn der nächste Flughafen?"

Patient: „Herr Doktor, ist das eigentlich eine seltene Krankheit, die ich da habe?"

Arzt: „Nein, nein, ganz im Gegenteil!"

Patient: „Komisch. Ich kenne keinen Einzigen. Wo sind denn diese Leute?"

Arzt: „Auf dem Friedhof!"

Frau Vogel hat schwere Schlafstörungen.

Der Arzt untersucht sie und sagt schließlich: „Ich verschreibe Ihnen fürs erste Schlaftabletten für einen Monat."

„Für einen Monat!", ruft Frau Vogel entsetzt. „Aber so lange will ich doch gar nicht schlafen!"

Patient: „Immer wenn ich auf die Straße gehe, bekomme ich furchtbares Kopfweh!"

Arzt: „Kaufen Sie sich einen größeren Hut!"

Klein Helmut ist beim Kinderarzt.

Er kichert ununterbrochen und kann sich einfach nicht einkriegen.

Der Doktor kann ihn gar nicht untersuchen.

„Jetzt hör doch endlich auf!", sagt der Arzt.

„Kann nicht!", kichert Helmut. „Ich, hehehe, muss einfach, hihihi, dauernd …"

„Und seit wann geht das schon so?", fragt der Arzt.

„Seit ich Ihre, hihihi, komische Perücke gesehen habe!"

Frau Brösel kommt zum Arzt. Sie redet und redet und redet und redet. Und es wird immer unklarer, was sie eigentlich will. Nach zehn Minuten unterbricht sie der Arzt. „Jetzt sagen Sie mal, Frau Brösel, was führt Sie eigentlich zu mir?"

„Es ist schrecklich! Ich kann überhaupt nicht mehr schlafen", klagt sie, „mein Mann spricht die ganze Nacht im Schlaf!"

„Mmh", sagt der Arzt, „vielleicht sollten Sie ihn tagsüber öfter zu Wort kommen lassen?"

Ein Mann stürzt in höchster Aufregung in das Behandlungszimmer eines Psychiaters: „Ich habe nur noch sechzig Sekunden zu leben!", ruft er leichenblass.

„Setzen Sie sich, ich komme sofort", sagt der Arzt, „dauert nur eine Minute!"

„Das ist zum Glück nichts Ernstes bei Ihnen", sagt der Arzt nach der Untersuchung. „Sie brauchen bloß etwas Bewegung. Ich empfehle Ihnen, täglich fünf Kilometer zu Fuß zu gehen."

„Unmöglich", sagt der Patient, „das würde mich ganz schwindlig machen."

„Wieso denn das?"

„Wissen Sie", antwortet der Patient, „ich bin Leuchtturmwärter."

Arzt: „Heute ist Ihr Husten schon viel besser als gestern!"

Patient: „Das will ich hoffen. Ich habe auch die ganze Nacht geübt."

„Mein Arzt hat mir empfohlen, das Hochseesegeln, Drachenfliegen und Helikopter-Skifahren aufzugeben."

„Aber warum denn das?"

„Damit ich seine Rechnung bezahlen kann."

Karin ist plötzlich schlecht geworden. Sie muss zum Schularzt. Bei der Untersuchung heult sie fürchterlich.

„Ach komm, Kind", sagt der Arzt. „Ich tu dir nichts. Ich nehme dir bloß den Puls."

„Aber den brauch ich doch noch", schluchzt Karin.

Anrufer: „Herr Doktor, kommen Sie schnell!"
Arzt: „Was ist denn passiert?"
Anrufer: „Wir können nicht ins Haus!"
Arzt: „Das ist doch nicht mein Problem."
Anrufer: „Doch. Unser Baby hat den Schlüssel ver-
schluckt."

Arzt: „Sie sind schwer erkältet. Sie müssen ein paar Tage
jeden Zug vermeiden!"
Patient: „Aber mit dem Bus darf ich fahren?"

Patient: „Ich hab Probleme beim Atmen."
Arzt: „Wie unangenehm. Ich gebe Ihnen was, damit das
endlich aufhört."

„Ich wollte, die Menschen würden ohne Zähne auf die
Welt kommen!", seufzt der Mann beim Zahnarzt.
„Na ja", sagt der Zahnarzt, „bei den meisten Leuten ist
das auch der Fall."

Patient: „Herr Doktor, ich habe ein Problem. Ich habe schon tagelang nicht mehr geschlafen."
Arzt: „Dann schlafen Sie halt in der Nacht."
Patient: „In der Nacht kann ich schon gar nicht schlafen. Das lässt meine Frau nicht zu."
Arzt: „Ja, wieso das denn?!"
Patient: „Sie schickt mich dauernd zur Arbeit."
Arzt: „Merkwürdig. Was sind Sie denn von Beruf?"
„Nachtwächter."

Der Patient kommt lachend aus dem Behandlungszimmer des Zahnarztes.
„Darf ich fragen, warum Sie lachen?", erkundigt sich die Zahnarzthelferin.
„Hahaha", prustet der Patient los. „Er hat mir einen Zahn gezogen."
„Aber was ist denn daran so komisch?"
„Es war der falsche!"

Arzt: „Hatten Sie das schon öfter?"
Patient: „Ja."
Arzt: „Dann muss ich Ihnen eine traurige Mitteilung machen. Sie haben es schon wieder."

Ein Patient kommt zum Arzt.

„Herr Doktor, ich habe das Gefühl, ein Löffel zu sein. Was soll ich bloß tun?"

„Jetzt setzen Sie sich erst mal hin", sagt der Arzt, „und hören Sie endlich mit dem Umrühren auf."

Tierisches

Der Tiergarten muss sparen. Als der alte Schimpanse stirbt, wird kein neues Tier angeschafft. Stattdessen muss der Wärter stundenweise in ein Affenfell schlüpfen und den Schimpansen spielen. Das geht lange gut. Doch eines Tages bekommt der falsche Affe einen fürchterlichen Schrecken: Ein Löwe ist am Affenkäfig. Starr vor Schrecken bleibt der Wärter im Affenfell sitzen. Der Löwe kommt näher und näher. Und noch näher. Und flüstert: „Bekommst du auch 20 Euro die Stunde?"

Eine Maus und ein Elefant spielen miteinander Ball. Es geht ziemlich heiß her. Plötzlich tritt der Elefant der Maus versehentlich auf den Fuß.

„Tut mir schrecklich leid!", entschuldigt sich der Elefant.

„Macht doch nichts", gibt sich die Maus großherzig, „das kann einem jeden passieren!"

Lehrer: „Sag mal, Inge, zu welcher Familie gehört der Haifisch?

Inge: „Ich kenne keine Familie, der ein Haifisch gehört!"

Vier Mäuse leben in einer Wohngemeinschaft.

„Wer hat meine Kartoffelchips verdrückt?", schimpft die eine.

„Wer hat meinen Schnaps getrunken?", beschwert sich die zweite.

„Wer hat meinen Plattenspieler kaputt gemacht?", ruft die dritte.

Da tanzt die vierte Maus ins Zimmer: „Schmatz – hicks – tscha-tscha-tscha, schmatz – hicks – tscha-tscha-tscha …"

Was für ein Pech. Dem Großwildjäger ist die Munition ausgegangen – und ausgerechnet jetzt taucht ein riesiger Löwe vor ihm auf. Eine ausweglose Situation. Verzweifelt fällt der Mann auf die Knie und beginnt inbrünstig zu beten.

Der Löwe beobachtet das Häufchen Elend eine Weile. Dann legt er sich nieder und faltet ebenfalls die Tatzen.

Der Jäger ist erleichtert. Ihm fällt ein Stein vom Herzen. Sein Gebet wurde tatsächlich erhört. Er ist gerettet!

Doch da hört er, was der Löwe betet.

„Komm, Herr Jesus, sei unser Gast und segne, was du uns bescheret hast!"

Familie Frosch macht einen Ausflug. Da taucht plötzlich ein Storch auf und bedroht die kleinen Frösche.
„Wau, wau! Wau, wau!", bellt die Froschmutter los. Der Storch räumt in Panik das Feld.
„Seht ihr, Kinder", sagt Mutter Frosch, „wie gut es ist, wenn man Fremdsprachen beherrscht!"

Sagt die eine Maus zur anderen: „Menschen sind viel blöder als Mäuse!"
„Wie kommst du da drauf?", fragt die andere.
„Die sind blöd genug, um Bomben zu bauen. Keine Maus käme auf die Idee, eine Mausefalle zu bauen!"

„Jetzt habt ihr schon wieder ins Nest gemacht", schimpft die Taubenmutter, „könnt ihr denn nicht brav aufs Denkmal gehen!"

Bolles gehen mit ihrem Hund spazieren. Da kommt Herr Knall vorbei. „Jetzt sagen Sie mal", sagt Herr Knall, „warum wedelt Ihr Hund denn so komisch?"
„Wieso komisch?"

„Na", sagt Herr Knall, „nicht von links nach rechts, sondern von oben nach unten."

„Ach so!", sagt Frau Bolle. „Wissen Sie, unsere Wohnung ist ziemlich klein. Da hat sich unser Waldi schon gut angepasst."

Der Kakadu beschwert sich bitter:
„Nun bin ich schon über zweihundert Jahre alt und alle sagen zu mir noch immer Kakadu anstatt Kakasie!"

Sagt der Glühwürmchenarzt zu einem Glühwürmchenmann: „Tut mir furchtbar leid. Ihrer Frau konnten wir nicht mehr helfen."
„Was war es denn?"
„Es war ein Kurzschluss!"

Das Igelkind hat seine Mutter verloren. Jetzt irrt es im Gewächshaus herum. Armes Kleines! Jedes Mal, wenn es an einem Kaktus anstößt, fragt es: „Bist du's, Mami?"

Der hungrige Tiger begegnet einem Ritter in voller Rüstung.

„Verdammt", sagt der Tiger, „jetzt hab ich den Dosenöffner vergessen!"

Eine Katze betritt ein Lokal und setzt sich an die Bar: „Einen doppelten Schnaps, bitte!", bestellt sie.

„Katzen bekommen bei uns keinen Alkohol!", fährt sie der Mann hinter der Theke an.

„Schade", seufzt die Katze, „und ich hab mich schon so auf den Kater gefreut!"

Ein Nerz kommt in den Himmel. Petrus begrüßt ihn: „Weil man auf der Erde aus dir einen Nerzmantel gemacht hat, darfst du dir jetzt etwas wünschen."

„Ich möchte einen dicken weichen Frauenmantel!"

Eine Fliege düst ganz knapp am Spinnennetz vorbei.

„Morgen erwisch ich dich!", zischt die Spinne.

„Denkste", ruft die Fliege schadenfroh, „ich bin eine Eintagsfliege!"

Im tiefsten Winter kriecht eine Schnecke auf einen Kirschbaum. „Was willst du jetzt im Winter auf dem Kirschbaum?", fragt ein Vogel.

„Kirschen essen!", sagt die Schnecke.

„Aber jetzt gibt's doch keine Kirschen!", sagt der Vogel.

„Jetzt nicht", sagt die Schnecke, „aber bis ich oben bin, schon!"

Familie Meier hat einen kleinen Hund gekauft.

Die Kinder sind begeistert und bringen ihm allerhand bei.

Aufgeregt berichten sie schließlich der Mutter:

„Mami, der Hund kann ein neues Kunststück: Er steht auf drei Beinen und hält sich mit dem vierten am Wohnzimmersofa fest!"

Zwei Flöhe beim Pferderennen. Einer setzt tatsächlich auf das richtige Pferd und gewinnt ein Vermögen. „Was machst du jetzt mit dem ganzen Geld?", will der zweite Floh wissen.

„Ich kauf mir einen Hund für mich ganz allein!"

Der Zoodirektor ist gestorben. Die Tiere beraten, wer zur Beerdigung gehen soll. Langes Hin und Her, aber irgendjemand muss ja schließlich hingehen. Meldet sich ein Affe: „Das sollen die Pinguine machen, die haben schon das Richtige an!"

„Mein Onkel hat eine führende Stellung im Zirkus!"
„Toll! Und was macht er?"
„Er führt die Elefanten rein."

„Mami", fragt das Tausendfüßlerkind, „was ist eigentlich ein Mensch?"
„Ein Mensch", sagt die Tausendfüßlermutter, „das ist ein Lebewesen mit 998 Füßen zu wenig."

„Also, die wirklich gemeinsten Biester von ganz Afrika sind die riesigen Dschungelmoskitos", erzählt der Weltreisende.
„Wieso?", fragt ein Zuhörer. „Sind sie so wild?"
„Im Gegenteil", sagt der Afrikareisende, „sie fressen einem aus der Hand."

Ein riesiger Gorilla läuft durch den Urwald. Auf einer Lichtung trifft er auf eine Gazelle.

„Wer ist der Herr und Meister des Dschungels?", brüllt der Gorilla.

„Du bist es!", sagt die Gazelle. Zufrieden läuft der Gorilla weiter. Am Fluss trifft er auf ein Zebra.

„Wer ist der Herr und Meister des Dschungels?", brüllt der Gorilla.

„Du bist es!", antwortet das Zebra. Zufrieden läuft der Gorilla weiter. Dann trifft er auf einen Elefanten.

„Wer ist der Herr und Meister des Dschungels?", brüllt der Gorilla.

Da packt der Elefant den Gorilla, wirft ihn hoch in die Luft und zieht weiter. Nach einer Weile steht der Gorilla wieder auf, klopft sich den Staub aus dem Fell und sagt: „Kein Grund, so böse zu sein, bloß weil er die Antwort nicht weiß!"

„Hab ich dir eigentlich schon mal erzählt", fragt Heiner, „wie ich diesem Gorilla Aug in Aug gegenübergestanden bin?"

„Nein", sagt Holger gespannt. „Schieß los!"

„Also", erzählt Heiner, „der Bursche war fast drei Meter groß. Arme wie Holzstämme, einen Brustkorb wie ein Fass, ein Gebiss wie eine Messerfabrik. Er steht mir ge-

119

nau gegenüber und starrt mich mit kleinen funkelnden Augen an. Und ich habe kein Gewehr mit."

„Und dann?", fragt Holger, atemlos vor Spannung.

„Dann kommt das Biest näher. Es brüllt und trommelt sich auf die Brust. Ich rieche seinen heißen Atem."

„Und dann?", fragt Holger. „Was hast du dann gemacht?"

„Tja", sagt Heiner, „dann bin ich rüber zum Bärengehege gegangen."

Ein Mann kommt völlig verzweifelt zum Arzt.

„Herr Doktor", sagt er, „ich habe mein Krokodil verschluckt und das liegt mir jetzt im Magen."

Der Arzt versucht ihn zu überzeugen, dass das alles nur Einbildung sei. Doch der Patient lässt sich von seiner fixen Idee nicht abbringen. „Es ist zwei Meter lang, hat eine riesige Schnauze und ganz böse Augen!"

„Wissen Sie was", sagt der Arzt, „morgen operiere ich Ihnen das Krokodil aus dem Bauch." Der Patient ist zufrieden und der Arzt kauft ein zwei Meter langes grünes Plüschkrokodil mit riesiger Schnauze und ganz bösen Augen.

Am nächsten Tag bekommt der Patient seine Narkose. Als er wieder aufwacht, sagt der Arzt: „Die Operation ist gelungen. Sehen Sie, hier haben wir das Krokodil!"

Der Patient starrt das Krokodil an, dann den Arzt, dann das Krokodil und dann sagt er: „Sie machen wohl Witze. Mein Krokodil ist himmelblau!"

Was ist der beste Weg, einem Ungeheuer zu entkommen?
Der Fluchtweg.

Zwei Katzen sitzen vor einem Vogelkäfig.
„Der ist ja grün!", sagt die eine Katze. „Das ist gar kein Kanarienvogel."
„Da wär ich mir nicht so sicher", sagt die andere. „Vielleicht ist er einfach noch nicht reif."

„Mami, Mami, was ist eigentlich ein Werwolf?"
„Sei still, Kleines, und kämm dir die Schnauze."

„Guck mal, Mami", sagte die kleine Sardine, als ein Unterseeboot vorbeischwamm. „Eine Menschendose!"

Ein Texaner ist zu Besuch bei seinem Vetter in Australien. Der führt ihn auf seiner Farm herum und zeigt ihm zuerst die Kühe. „Ach was", sagt der Texaner, „bei uns in Texas sind die Schweine so groß wie bei euch die Kühe." Er zeigt ihm die Schafe. „Ach was", sagt der Texaner, „bei uns sind die Katzen so groß wie bei euch die Schafe." Und dann hüpft ein Känguru vorbei. „Alle Achtung", sagt der Texaner und kratzt sich am Kopf, „aber eure Heuschrecken sind ganz schön groß!"

Ein Krokodil kommt in ein sehr feines Restaurant und bestellt ein Himbeertörtchen. „Macht 17 Euro", sagt der Kellner und kassiert. Während er das Wechselgeld herauskramt, sagt er: „Wissen Sie, zu uns kommen eigentlich nicht sehr viele Krokodile."
„Erstaunt mich gar nicht", sagt das Krokodil. „Bei diesen Preisen!"

Was ist das: Es ist schwarz und weiß und schwarz und weiß und schwarz und weiß?
Ein Pinguin, der einen Hügel runterrollt.

Der Gast ruft empört den Kellner.
„In meiner Suppe schwimmt eine Fliege!"
„Regen Sie sich doch nicht auf", meint der Kellner. „Die Spinne im Brotkorb wird sie gleich schnappen."

Was folgte auf Diplodocus?
Sein Schwanz.

Die beiden Ungeheuer gehen mit ihren Jagdhunden auf Entenjagd. Erfolglos. Die Enten fliegen über ihre Köpfe hinweg. Die beiden Ungeheuer denken scharf nach.
„Ich glaube, ich weiß, was wir falsch machen", sagt das eine Ungeheuer nach einer Weile.
„Was denn?", fragt das andere.
„Ich glaube, wir werfen die Hunde nicht hoch genug hinauf!"

Ein wirklich sehr hässlicher Mann schlendert durch die Kunstgalerie und besieht sich ein Bild nach dem anderen. Dann bleibt er stehen und wendet sich an einen Aufseher.

„Dieses hier", sagt er hochtrabend, „ist sicherlich das, was man heutzutage moderne Kunst nennt."

„Nein, mein Herr", sagt der Aufseher. „Das ist das, was man heutzutage einen Spiegel nennt."

Ein Mann kommt aufs Fundamt. In einem Sack hat er eine tote Katze.

„Die habe ich in meinem Garten gefunden", sagt er.

„Schön", sagt der Beamte. „Wenn innerhalb eines halben Jahres niemand Ansprüche anmeldet, gehört sie Ihnen."

Was sieht wie ein Grizzlybär aus, ist aber gar keiner?

Das Foto von einem Grizzlybären.

Max: „Wie alt ist eigentlich dein Bruder?"

Frank: „Ein Jahr."

Max: „Ein Jahr? Komisch. Meine Katze ist auch ein Jahr alt, aber die kann schon viel besser laufen als dein Bruder."

Frank: „Kein Wunder. Sie hat auch doppelt so viele Beine."

Im Naturkundemuseum. Der kleine Hannes steht verwundert vor einer Glasvitrine mit einem ausgestopften Wolf.

„Ich möchte bloß wissen", sagt er, „wie sie den geschossen haben, ohne das Glas kaputt zu machen?"

Warum dürfen Elefanten nicht Rad fahren?
Weil sie keinen Daumen zum Klingeln haben.

Bei welchen Hunden stehen die Augen ganz eng beisammen? – Bei ganz kleinen Hunden.

Woran erkennt man, dass die Katze im Kühlschrank war? – An den Haaren in der Butter.

„Jedes Mal, wenn meine Katze ins Wasser fällt, bekommt sie was."
„Was denn?"
„Einen Schnupfen!"

Ein Hundebesitzer sitzt betrübt auf einer Parkbank.

„Sehen Sie meinen Ajax dort drüben?", sagt er zum Nachbarn. „Mit dem habe ich neulich an einem Wettbewerb teilgenommen."

„Und?", fragt der Nachbar.

„Und den ersten Preis gewonnen."

„Das ist ja toll!", ruft der Banknachbar. „Da müssen Sie sich ja sehr gefreut haben!"

„Eigentlich nicht", klagt der Hundebesitzer. „Ich hätte es lieber gehabt, dass mein Ajax gewinnt."

Ein Mann hatte Mäuse im Haus.

Also lief er in den nächsten Laden und kam mit einer Mausefalle zurück. Leider hatte er keinen Käse zu Hause. Da schnitt er aus einem Magazin ein Bild mit einem Stück Käse aus und legte das Bild in die Falle.

Am nächsten Morgen guckte er nach. Das Bild mit dem Käse war verschwunden. In der Falle lag ein Bild von einer Maus.

Heiner: „Angenommen, du liegst nachts im Bett und du hörst eine Maus in der Küche quietschen. Was würdest du tun?"

Holger: „Weiterschlafen. Oder glaubst du, ich stehe mitten in der Nacht auf, bloß um eine olle Maus zu ölen?"

Ein Mann beschwert sich im Zooladen:
„Diese Falle haben Sie mir gestern verkauft. Sie hatten mir versichert, sie sei gut für Mäuse. Aber keine einzige Maus ist in die Falle gegangen."
„Na, sehen Sie", sagt der Verkäufer, „ist doch gut für Mäuse."

Ein Mann stürzt in den Zooladen.
„Geben Sie mir eine Mausefalle", ruft er. „Aber schnell, ich muss den Zug noch erwischen!"
„Tut mir leid", sagt der Verkäufer, „so große haben wir nicht."

Was hat zwölf Beine, drei Schwänze und sieht nichts?
Drei blinde Mäuse.

Hier ein kleines Katz-und-Maus-und-Käse-Rätsel:
Ein Mann hat ein Problem. Er hat eine Katze, eine Maus und einen Laib Käse. Und die will er unversehrt mit dem Ruderboot über den Fluss bringen. Aber alle zusammen sind zu schwer. Er muss sie getrennt hinüberbringen. Wie soll er das anstellen, ohne dass die Katze die Maus frisst oder die Maus den Käse anknabbert?
Plötzlich fällt ihm die Lösung ein. Was muss er tun?
Zuerst nimmt er die Maus, fährt mit ihr über den Fluss und lässt sie am anderen Ufer. Er fährt allein zurück, nimmt die Katze und fährt mit ihr nach drüben. Dort lässt er die Katze am Ufer sitzen und nimmt die Maus wieder mit nach drüben. Hier setzt er die Maus ab und rudert mit dem Käse nach drüben. Jetzt muss er nur noch zurückfahren, um die Maus zu holen.

Die Kinder stehen um ein Kätzchen und reden durcheinander. Die Mutter will wissen, was sie da machen.
„Wir erzählen uns Lügengeschichten", sagen die Kinder. „Und wer am besten schwindeln kann, dem gehört das Kätzchen."
„Unerhört!", ruft die Mutter. „Als ich so klein war wie ihr, hätte ich nie jemanden angeschwindelt!"
„Herzlichen Glückwunsch", rufen die Kinder. „Das Kätzchen gehört dir!"

Was sagte der Hund, als ihn die Katze kratzte?
Gar nichts sagte er. Hunde können nicht sprechen.

Das Kabarett hat eine neue Attraktion: einen Mann, der mit Hund und Katze auftritt. Der Hund spielt Klavier und die Katze singt dazu. Eine wirklich großartige Sache! Das Publikum rast vor Begeisterung.
Nach dem Auftritt stürzt der Direktor in die Kabine.
„Hören Sie, das war einfach toll!", ruft er. „Ich gebe Ihnen sofort einen Dreijahresvertrag!"
„Na ja", meint der Mann, „das ist ja sehr nett. Aber Sie müssen wissen, so gut sind wir auch wieder nicht."
„Doch!", sagt der Direktor. „Das ist einmalig. Ein Hund, der Klavier spielt, und eine Katze, die singt!"
Der Mann fühlt sich offensichtlich gar nicht wohl bei so viel Lob.
„Um mal ganz ehrlich zu sein", flüstert er, „wir schwindeln auch ein wenig dabei. Die Katze kann gar nicht singen. Der Hund ist nämlich ein Bauchredner."

Was bekommt man, wenn man einen Hund und eine Katze kreuzt?
Ein Tier, das sich selbst auf den Baum jagt.

Der eine Nachbar hat einen Schäferhund, der andere eine Katze. Trotzdem kommen sie gut miteinander aus. Bis eines Tages der Katzenbesitzer beim Hundebesitzer anklopft.

„Es tut mir schrecklich leid", sagt er, „aber ich fürchte, meine Katze hat Ihren Hund erwürgt."

„Ach, du lieber Himmel", stöhnt der Hundebesitzer, „wie kann denn so was passieren? Wie konnte nur Ihre kleine Katze meinen viel größeren Hund erwürgen?"

„Tja", sagt der Katzenbesitzer, „Ihr Hund wollte meine Katze auffressen und da ist sie ihm im Hals stecken geblieben."

„Glaubst du, dass es bald regnen wird?"
„Hängt ganz vom Wetter ab!"

Bello: „Sag mal, hast du eigentlich dieses Gewitter heute Nacht mitbekommen?"
Waldi: „Klar doch!"
Bello: „Und warum hast du mich dann nicht aufgeweckt? Wo du doch weißt, dass ich bei Gewitter nicht schlafen kann!"

Ein Mann kommt zum Psychiater.

„Herr Doktor, helfen Sie mir", bettelt er. „Was soll ich bloß tun? Ich komme einfach nicht los vom Gedanken, dass ich in Wirklichkeit eine Katze bin!"

„Hmm", brummt der Psychiater, „und seit wann leiden Sie unter dieser Vorstellung?"

„Seit ich ein Kätzchen war!"

„Tja", sagt der Psychiater, „Sie sind also davon überzeugt, eine Katze zu sein. Wissen Sie was, legen Sie sich doch mal auf die Couch."

„Das geht nicht", sagt der Patient.

„Wieso denn nicht?"

„Katzen dürfen nicht auf die Couch!"

Wie bringt man eine Katze dazu, zehn Meter weit zu tauchen?

Man nimmt sie in einem Unterseeboot mit.

Ohne anzuklopfen, stürzt ein Mann in die Arztpraxis.

„Mich hat ein verrückter Hund gebissen", ruft er. „Ich glaube, ich habe Tollwut. Geben Sie mir schnell Papier und Bleistift!"

„Nur mit der Ruhe", sagt der Arzt. „Ich glaube, es ist ein

wenig voreilig, deshalb gleich das Testament zu machen."

„Darum geht's auch gar nicht", sagt der Mann. „Ich brauche eine Liste der Leute, die ich noch schnell beißen möchte."

Wann ist ein Bär so schnell wie ein Zug?
Wenn er drinnen sitzt.

Verkäuferin in der Konditorei:
„Ich kann Ihnen diesen Pflaumenkuchen wärmstens empfehlen."
Kunde: „Ich weiß nicht. Der sieht aus, als hätten Mäuse dran rumgenagt."
Verkäuferin: „Unmöglich. Die Katze hat die ganze Nacht drauf gelegen."

Baron von Steindumm, ein ehemaliger Großwildjäger, berichtet von seinen Abenteuern.
„Am schlimmsten aber", sagt er, „waren diese Grönlandtiger!"

„Es gibt aber gar keine Tiger in Grönland", wendet ein Zuhörer ein.

„Wohl wahr", sagt der Baron grimmig, „jetzt nicht mehr."

„Ich habe das klügste Kaninchen auf der ganzen Welt", sagt Susi. „Mein Hasi kann sogar rechnen."

„Das ist ja unglaublich!", ruft Heidi.

„Doch!", sagt Susi. „Neulich habe ich mit ihm gerechnet. ‚Wenn du fünfzehn Möhren hast', habe ich zu Hasi gesagt, ‚und wenn du zuerst zehn Möhren und dann fünf Möhren frisst, was bleibt dann übrig', habe ich ihn gefragt. Und weißt du, was Hasi gesagt hat?"

„Keine Ahnung!", sagt Heidi.

„Nichts hat er gesagt!"

„Gestern ist meine Katze von einer zehn Meter hohen Leiter gefallen", erzählt Heiner.

„Oje", ruft Holger. „Hat sie sich wehgetan?"

„Aber nein", sagt Heiner. „Sie war bloß einen Meter hoch oben."

Eine Gruppe von Touristen fährt im Bus durch den Safaripark. Ein Rudel Löwen guckt interessiert zu.
Meint ein Löwe zum anderen: „Schrecklich, wie sie die Leute in Käfigen transportieren, nicht?"

Da war dann noch dieser besonders dumme Löwe, der den ganzen Tag an einem Knochen herumnagte. Als er aufstand, hatte er nur noch drei Beine.

Was sagte das alte Krokodil, als ein paar Jäger in einem Jeep vorbeifuhren?
„Wie aufmerksam. Essen auf Rädern."

Susi: „Mein Vater ist Tierarzt im Zoo."
Heidi: „Toll. Und wie behandelt er die Löwen?"
Susi: „Mit dem größten Respekt."

Wie spricht man am besten mit einem Menschen fressenden Tiger? – Telefonisch.

Ein Mann mit einem Löwen an der Leine spaziert durch die Stadt. Ein Polizist hält ihn auf. „Das können Sie doch nicht machen, mit einem Löwen in den Straßen herumlaufen", sagt der Polizist. „Sie sollten lieber in den Zoo gehen mit ihm!"

„Gute Idee!", erwidert der Mann. „Wird gemacht."

Am nächsten Tag spaziert derselbe Mann mit demselben Löwen durch dieselbe Straße. Der Polizist ist verblüfft. „Wollten Sie mit dem Löwen nicht in den Tiergarten?"

„Waren wir auch", erwidert der Mann, „und es hat ihm gut gefallen. Aber heute gehen wir lieber ins Kino."

Ein Löwendompteur zum anderen: „Jetzt bin ich schon so lange im Geschäft. Aber wenn ich meinen Kopf in den Löwenrachen stecke, habe ich immer noch Angst."

„Kann ich gut verstehen", sagt der andere. „Ich fürchte mich auch im Dunkeln."

Heiner: „Und da ritt ich also dahin, vor mir Elefanten, hinter mir Löwen, und dann …"

Holger: „Und dann, was?"

Heiner: „Und dann war die Karussellfahrt zu Ende."

Warum ist ein Tiger groß und wild und gestreift?
Wenn er klein und wild und gestreift wäre, dann wäre
er eine Wespe.

Der Raubtierdompteur wird vom Löwen gebissen und
ins Krankenhaus eingeliefert. Es geht ihm schon wieder
gut. Ein Reporter fragt ihn:
„War das Ihr erster Unfall?"
„Das war kein Unfall!", knurrt der Dompteur. „Das Biest
hat absichtlich zugebissen!"

Eine ältere Dame betritt eine Tierhandlung.
Sie will ein neues Kuschelkörbchen für ihr Kätzchen
kaufen.
„Wie groß soll das Körbchen sein?", fragt der Verkäu-
fer.
„Tja", sagt die alte Dame, „weiß ich nicht."
„Na, dann messen Sie doch einfach das alte Körbchen
ab!"
„Das kann ich nicht machen", sagt die Dame, „es soll
nämlich eine Geburtstagsüberraschung sein."

Die Kinder müssen als Hausaufgabe einen Aufsatz zum Thema „Meine Katze" schreiben.

„Eva", schimpft die Lehrerin am nächsten Tag, „dein Aufsatz ist ja genau derselbe wie der Aufsatz deiner Schwester!"

„Das ging gar nicht anders", sagt Eva. „Es ist ja auch dieselbe Katze."

Der kleine Ralf will eine streunende Katze nach Hause bringen. Doch die Mutter ist streng dagegen.

„Aber dass du mir die Katze ja nicht in die Wohnung bringst", schärft sie Ralf ein. „Sie ist nämlich voller Flöhe."

Ralf läuft raus und sagt zur Katze: „Tut mir leid, aber du darfst nicht in die Wohnung. Sie ist nämlich voller Flöhe."

Susi: „Kann eine Katze höher springen als ein Haus?"
Heidi: „Nie im Leben!"
Susi: „Doch, kann sie. Ein Haus kann nämlich überhaupt nicht springen!"

Zwei Katzen unterhalten sich.

„Meine Güte", sagt die erste Katze, „haben Sie diesen scheußlichen alten Kater da drüben gesehen? Mit der gemeinen Visage? Das ist ja wirklich ein brutal hässliches Vieh!"

„Wenn es Ihnen nichts ausmacht", beschwert sich die zweite Katze, „das ist mein Mann!"

„Oh, das tut mir aber leid", erwidert die erste Katze völlig verstört.

„Ihnen tut's leid!", ruft die andere. „Was glauben Sie, wie leid es erst mir tut."

Susi sitzt vor dem Kamin und streichelt das Kätzchen. Da fängt die Katze an zu schnurren. Susi zuckt zurück. „Komm schnell, Mami", ruft sie, „das Kätzchen kocht schon!"

Fred trifft seinen alten Freund Richard.

„Ich hab gehört, du bist in eine neue WG gezogen", sagt Fred. „Wie geht's denn so?"

„Na ja", sagt Richard, „nicht schlecht. Nur eins finde ich gar nicht gut. Die halten in der Küche drei Schweine. Was glaubst du, wie das stinkt!"

„Das ist ja ein Ding!", ruft Fred. „Schweine in der Küche! Da musst du ja andauernd das Fenster aufreißen!"

„Geht leider nicht", sagt Richard. „Da würden mir sofort alle Hühner abhauen!"

Ein Mann sitzt schluchzend auf einer Parkbank.

„Was ist denn passiert?", fragt der Banknachbar mitfühlend. „Kann ich Ihnen helfen?"

„Mir kann niemand helfen. Ich war Direktor von einem Flohzirkus und jetzt bin ich pleite. Und schuld war nur dieser blöde Hund!"

„Welcher blöde Hund?"

„Er ist vorbeigekommen und hat mir die Show gestohlen!"

„Herr Doktor, ich bin Ihnen ja so dankbar. Ich hatte mir eingebildet, ein Hund zu sein, und Sie haben mich geheilt!"

„Das freut mich aber sehr", sagt der Arzt. „Und Sie sind wirklich gesund?"

„Natürlich! Fassen Sie mal meine Nase an: kalt und feucht!"

„Zu Hause haben wir eine echte Wildkatze", erzählt Udo.

„Seit wann denn?", fragt Heike.

„Seit gestern", sagt Udo, „da bin ich ihr auf den Schwanz getreten."

„Mami", ruft die kleine Giraffe, die in eine Pfütze gestiegen ist, „ich habe mir die Füße nass gemacht. Bekomme ich jetzt Halsschmerzen?"

„Tja", sagt Mama Giraffe, „in einer Woche wissen wir's."

Im Stall. Der Esel ist wirklich ein Angeber.

„Wenn man mich an einem fünf Meter langen Seil anbindet", sagt er, „und zehn Meter weiter weg einen Eimer mit Haferflocken hinstellt, dann komm ich trotzdem leicht an die Haferflocken ran."

„Blödsinn!", ruft das Pferd. „Wie soll denn das gehen?"

„Ganz einfach", sagt der Esel. „Man darf halt das Seil nirgendwo sonst festmachen."

Herr Knall führt seinen Hund aus, lässt ihn von der Leine und setzt sich auf eine Parkbank. Stürmt der Parkwächter auf ihn zu.

„He, Sie", ruft er, „fangen Sie Ihren Hund ein. Der jagt einen Mann mit einem Fahrrad durch den ganzen Park."

„Unsinn", sagt Herr Knall. „Mein Hund hat gar kein Fahrrad."

Der Autofahrer klopft bei Frau Knall an die Tür. „Es tut mir furchtbar leid", sagt er kleinlaut, „aber ich fürchte, ich habe Ihre Katze überfahren. Ich werde sie natürlich ersetzen."

„Ach", sagt Frau Knall, „Sie können Mäuse fangen?"

Heiner: „Mein Onkel ist Bauer. Neulich hat er seine Henne versehentlich mit Sägemehl gefüttert. Das Huhn legte trotzdem zehn Eier."

Holger: „Und dann?"

Heiner: „Neun Küken hatten ein Holzbein und das zehnte wurde ein Specht."

Herr Knall will seinem Hund das Tanzen beibringen. Das Wohnzimmer ist leer geräumt und Herr Knall sitzt am Klavier. Aber der Hund begreift einfach nicht. Dauernd stolpert er.

Herr Knall versucht es noch einmal. „Und eins und zwei und … Meine Güte, bist du vielleicht ungeschickt!"

„Was soll ich machen", sagt der Hund, „ich habe zwei linke Beine."

„Diese Kuh ist mein bestes Stück im Stall", sagt der Hinterhuberbauer. „Sie macht sich ihre eigene Butter."

„Wie geht denn das?", fragt der Vorderhuberbauer.

„Sie hat dauernd Schluckauf."

Brösels Hund muss geimpft werden. Der Tierarzt füllt den Impfpass aus.

„Wie heißt der Hund?", fragt er.

„Wissen wir nicht", sagt Herr Brösel.

„Wieso wissen Sie das nicht?", fragt der Tierarzt erstaunt.

„Er sagt es uns einfach nicht!"

„Na, Hinterbauer", ruft der Vorderbauer, „hat dir deine neue Vogelscheuche was genützt?"

„Und wie!", sagt der Hinterbauer. „Die Vögel haben jetzt so Angst, dass sie die Sachen freiwillig zurückbringen."

Mama Sardine schreibt an den Schulrat. „Es tut mir leid, aber ich kann meinen Kleinen nicht in die Schule schicken. Der Weg ist zu weit."

Der Schulrat schreibt zurück. „Vielen Dank für Ihren Brief. Wir haben über Ihr Anliegen beraten. Ihr Kleiner wird ab morgen von einem Octobus abgeholt."

In der Reitschule. Der Schüler verlangt ein besonders freundliches Pferd.

„Haben wir", sagt der Reitlehrer. „Das ist Horst. Den kann ich aber nicht empfehlen."

Der Reitschüler will trotzdem mit Horst reiten. Nach einer Weile kommt er humpelnd zurück und jammert: „Und dieses Pferd nennen Sie freundlich?"

„Sicher", meint der Reitlehrer. „Unser Horst bleibt vor jedem Hindernis stehen und lässt dem Reiter den Vortritt."

Ein Elefant geht in einen Schuhladen und verlangt zwei Paar Filzpantoffeln.

„Wozu brauchen Sie die?", fragt der Verkäufer.

„Damit ich mich besser an die Mäuse anschleichen kann!"

Heiner: „Das ist mein neuer Hund. Er heißt Boxer."

Holger: „Komischer Name für einen Dackel. Warum heißt er denn so?"

Heiner: „Wenn die Glocke an der Tür läutet, läuft er in die nächste Ecke."

Die kleine Verena war zum ersten Mal im Tiergarten. Sie ist schwer beeindruckt und erzählt ihrer Freundin: „Stell dir vor, was die Elefanten machen. Die sammeln Erdnüsse mit ihrem Staubsauger auf!"

Heiner: „Hast du gewusst, dass man vier Schafe braucht, um einen Pullover zu bekommen?"

Holger: „Komisch. Ich wusste gar nicht, dass Schafe stricken können."

Der Bauer treibt seine Kuh aus dem Stall. Da kommt er zu einer niedrigen Unterführung. Er schaut die Kuh an, dann die Unterführung, dann die Kuh, und dann nimmt er Hammer und Meißel aus dem Sack und fängt an, Ziegel an der Decke abzustemmen.

Kommt ein Polizist und sagt: „Was, zum Teufel, machst du denn da?"

„Die Kuh geht nicht durch", antwortet der Bauer, „ich muss was abstemmen."

„Das ist verboten", sagt der Polizist. „Warum gräbst du nicht einfach den Boden auf?"

„Aber Herr Inspektor", erklärt der Bauer, „sehen Sie denn nicht: die Hörner sind zu lang, nicht die Beine!"

Ein Mann fährt mit einem Eselskarren die Straße entlang. Es geht furchtbar langsam dahin. Da kommen sie zufällig beim Tierarzt vorbei. Der Mann läutet den Tierarzt heraus und schildert ihm sein Problem.

„Das haben wir gleich", sagt der Tierarzt und gibt dem Esel eine Tablette. Der schluckt sie und im nächsten Augenblick rast er mit dem Karren die Straße hinunter.

„Toll!", staunt der Mann. „Was kostet das?"

„Zwanzig Euro", antwortet der Tierarzt.

„Schön", sagt der Mann. „Und jetzt geben Sie mir was für vierzig Euro, damit ich den Esel wieder erwische."

Ein Schotte im Reiterladen.

„Bitte geben Sie mir einen Sporen."

„Sie meinen wohl, ein Paar Sporen", sagt der Verkäufer.

„Ich meine, einen Sporen", erwidert der Kunde. „Wenn ich das Pferd auf der einen Seite zum Laufen bringe, muss die andere sowieso mit."

„Man sieht es ihm nicht an, aber unser Waldi ist ein toller Wachhund", erzählt Udo. „Neulich hat meine Mami den Einkaufskorb vor dem Haus vergessen. Und da hat unser Waldi verhindert, dass jemand die Wurst rausstiehlt."

„Toll", staunt Elke, „und wie hat er das gemacht?"

„Er hat sie selber gefressen."

Verrückte Sachen

„Ich kann alle Vögel imitieren", erklärt der junge Artist dem Zirkusdirektor. „Darf ich bei Ihnen arbeiten?"

„Ach", entgegnet der Zirkusdirektor gelangweilt. „Vogelimitator! Das ist doch ein alter Hut."

„Wie Sie meinen", erwidert der Artist, breitet die Arme aus und fliegt davon.

Fritz ist völlig am Ende. „Bei der furchtbaren Luft in unserer Stadt", klärt er seinen Freund Peter auf, „kann ich keine Nacht mehr schlafen!"

„Hast du Atembeschwerden?", erkundigt sich Peter.

„Ich nicht, aber die Vögel. Die sitzen auf dem Fensterbrett und husten wie verrückt!"

Der Zirkus ist in der Stadt. Ein junger Mann klopft am Wagen des Direktors an. Er sucht einen Job als Artist.

„Was haben Sie denn zu bieten?", fragt der Zirkusdirektor.

„Ich kann aus 50 Metern Höhe in eine Bierflasche springen!", erklärt der junge Mann stolz.

Der Zirkusdirektor ist verblüfft. „Aber da ist doch bestimmt ein Trick dabei?"

„Na ja, das schon", gibt der Artist zu.

„Raus mit der Sprache", sagt der Direktor. „Mit welchem Trick arbeiten Sie?"

„Tja", meint der junge Mann, „ich benutze einen Trichter."

Im Kaffeehaus. Eine Frau bestellt einen Kakao. Sie hat es offensichtlich eilig und zahlt sofort. Sie trinkt rasch den Kakao, verspeist dazu auch noch die Serviette, den Löffel und die Tasse und verlässt das Lokal. Zurück auf dem Tisch bleibt nur noch die Untertasse.

Die Kellnerin schüttelt verwundert den Kopf. „Verstehen Sie das?", fragt sie die Frau am Nachbartisch.

„Nein", erwidert diese, „versteh ich nicht. Wie kann man ausgerechnet das Beste stehen lassen!"

Im Zugabteil. Ein Mann holt plötzlich eine Tüte voller Äpfel hervor, salzt einen Apfel nach dem anderen gründlich ein und wirft ihn dann zum Fenster hinaus.

„Ja, was machen denn Sie da für einen Unsinn?", fragt erschrocken eine Mitreisende.

„Was regen Sie sich denn auf, gnädige Frau", beruhigt der Mann. „Ich kann gesalzene Äpfel nun einmal nicht ausstehen!"

Ein Fakir betritt die Eisenwarenhandlung.

„Geben Sie mir bitte zehntausend Nägel für meine Frau."

Der Verkäufer staunt. „Wozu braucht denn Ihre Frau so viele Nägel?"

„Sie will die Betten frisch überziehen."

Im Restaurant. Der Gast wundert sich. Denn draußen vor dem Lokal sammeln sich immer mehr Menschen an. „Was ist denn los?", fragt er den Kellner. Der wundert sich über die Frage. „Sie hatten doch einen Auflauf bestellt, oder?"

„Der Neue in der Firma macht die Arbeit von dreien, so intelligent ist der!", erzählt Helmut seiner Frau.

„Er arbeitet für drei?", fragt die Frau. „Und das nennst du intelligent?"

„Hast du Schweinebauch?", erkundigt sich Karl-Otto telefonisch beim Metzger.

„Ja."

„Hast du auch Schweineohren?"
„Sicher."
„Da musst du aber furchtbar aussehen!"

Die alte dicke Dame steigt auf die Waage und wirft ein Eurostück hinein. Da blinkt auch schon eine Leuchtschrift auf: „Bitte nur einzeln auf die Waage stellen!"

Unterhalten sich zwei Diebe. „Nehmen wir den Bus?", fragt der eine.
„Blödsinn", meint der andere. „Wer soll uns denn einen Bus abkaufen!"

Im Urwald.
Zwei Wilde sehen zum ersten Mal einen Weißen, der mit dem Fahrrad fährt. Meint der eine zum anderen: „Sieh dir das mal an, diese faulen Hunde müssen sogar beim Laufen noch sitzen!"

Und wieder einmal hat es den Ganoven-Ede erwischt. Er steht vor dem Richter. Die Anklage lautet auf Einbruchsdiebstahl.

Der Richter versucht, dem Angeklagten ins Gewissen zu reden. „Als Sie in den Laden eingebrochen sind", fragt er, „haben Sie denn überhaupt nicht an Ihre arme alte Mutter gedacht?"

„Doch, doch", verteidigt sich Ede, „aber für die war nichts Passendes dabei!"

Opa will in den Garten gehen, um die Blumen zu gießen. Sagt der Sohn: „Aber das ist doch Unsinn, es wird gleich Regen kommen."

„Macht nichts", sagt Opa. „Nehme ich halt den Schirm mit!"

Ganoven-Ede war in letzter Zeit etwas faul. Langsam wird das Geld in der Haushaltskasse knapp. „Ich brauch endlich wieder Haushaltsgeld", jammert seine Frau, „und zwar sofort!"

„Ja, ja", sagt Ganoven-Ede und blickt auf die Uhr. „Ich hol gleich was. Muss nur noch warten, bis die Banken geschlossen haben!"

Auf dem Land herrschen eigene Sitten. Man ist herzlich, aber man macht nicht viele Worte.

Eines Tages bringt der Hinterhuber einen Städter mit zum Stammtisch.

Der Stadtmensch wünscht freundlich einen guten Abend. Man sitzt lang zusammen und bechert ordentlich. Gesprochen wird die ganze Zeit kein einziges Wort.

Als sich der Hinterhuber und sein Gast verabschieden, sagt der Städter: „Auf Wiedersehen!"

Am nächsten Abend sitzen die Stammtischbrüder wieder zusammen. Plötzlich bricht einer das Schweigen. „Du, Hinterhuber", sagt er, „dass du uns ja diesen Quasselkopf von gestern nicht wieder mitbringst."

Der Unterbauer ist sauer.

Die neue Eisenbahnlinie soll direkt durch seine Scheune führen. „Regen Sie sich nicht auf", meint der Beamte vom Planungsamt. „Sie werden natürlich voll entschädigt."

„Aber glauben Sie nur ja nicht", meint der Unterbauer ärgerlich, „dass ich jedes Mal das Tor aufmach, wenn der Zug kommt!"

Ein Junge verkauft Zeitungen auf der Straße. „Riesenschwindel in unserer Stadt – bereits 20 Opfer!", ruft er. Brösel will es genau wissen und kauft dem jungen Mann eine Zeitung ab. Er schlägt die Zeitung auf – und bemerkt, dass sie uralt ist.

In diesem Moment hört er den jungen Mann rufen: „Riesenschwindel in unserer Stadt – bereits 21 Opfer!"

Es brennt. Als die Feuerwehr am Brandort eintrifft, steht da ein Mann und wirft Papier ins Feuer. „Sind Sie denn völlig verrückt?", brüllt ein Feuerwehrmann und zerrt ihn weg. „Sie können doch nicht Papier ins Feuer werfen!"

„Wieso denn nicht?", verteidigt sich der Mann. „Das ist doch Löschpapier!"

Bei Schneiders. Gerade ist eine Freundin zu Besuch gekommen, aber Frau Schneider will noch schnell alle Blumen gießen. Bemerkt die Freundin verwundert: „Aber das sind doch künstliche Blumen, die braucht man doch nicht zu gießen!"

„Ich weiß, ich weiß", sagt Frau Schneider. „Ich hab ja auch kein Wasser in der Kanne!"

Und wieder steht Ganoven-Ede vor Gericht.

Der Richter wundert sich, warum Ede mit einem Kerl ein Ding gedreht hat, den er noch kaum kannte.

„Wie lange", fragt der Richter, „haben Sie Ihren Komplizen eigentlich schon gekannt?"

„Ach", antwortet Einbrecher-Ede, „eigentlich nur drei Tage. Aber als er mir seine Vorstrafen aufzählte, hatte ich gleich Vertrauen zu ihm."

Heiner hat vier Hufeisen gefunden und ist natürlich bester Laune. „Weißt du, was das bedeutet?", fragt er seinen Freund Holger.

„Natürlich", meint Holger, „irgendwo auf der Welt läuft ein Pferd barfuß herum!"

Meistereinbrecher Bodo hat wieder einmal ein paar Jährchen abgesessen. Heute wird er entlassen. Sagt der Gefängnispfarrer: „Alles Gute, ich wünschte, ich könnte Ihnen draußen weiterhelfen!"

„Vielen Dank für Ihr Angebot", sagt Bodo. „Aber das Einbrechen ist gar nicht so einfach, wie es aussieht!"

Einbrecher-Joe erhält im Gefängnis Besuch von seiner Frau. Mit ernster Stimme beginnt sie zu erklären: „Die Kinder kommen jetzt in ein Alter, in dem sie anfangen, Fragen zu stellen …"

Einbrecher-Joe runzelt die Stirn.

„Ernste Fragen", sagt seine Frau.

Einbrecher-Joe wischt sich den Schweiß von der Stirn.

„Du kannst dich nicht länger um eine Antwort herumdrücken", sagt seine Frau. „Die Kinder wollen endlich wissen, wo du die Beute versteckt hast."

„Ach, mein Gott", seufzt Gerti, „ich wollte, ich hätte das Geld, um mir einen Bären kaufen zu können!"

„Wozu brauchst denn du einen Bären?", fragt ihr Bruder Emmerich.

„Den Bären brauch ich natürlich nicht", sagt Gerti. „Aber das Geld …"

Karl-Otto sitzt im Wirtshaus und bestellt ein Bier nach dem anderen. Meint sein Freund: „Wirklich, Karl-Otto, das ist echt nicht die feine Art: Deine Frau liegt im Krankenhaus und du hängst hier herum und trinkst ein Bier nach dem anderen!"

„Also ich weiß gar nicht, was du eigentlich hast", sagt Karl-Otto. „Wo ich doch jedes Mal auf ihre Gesundheit trinke!"

Aus der Anstalt sind zwei Irre ausgebrochen.
Im Straßengraben finden sie ein altes Fahrrad.
Sie schieben es zur nächsten Tankstelle und verlangen:
„Einmal volltanken!"
„Bei euch ist wohl eine Schraube locker!", sagt der Tankwart.
„Da hast du es", sagt da der eine Irre zum anderen, „kaum hat man ein Auto, schon geht es los mit den Reparaturen!"

Drei Riesen fahren mit dem Rad durch die Gegend. Ruft plötzlich einer: „He, haltet doch mal an, ich glaub, mir ist eine Ente ins Auge geflogen!"

Der Mathematiklehrer trifft nach zwanzig Jahren seinen ehemaligen Schüler Hirneder wieder – einen der schlechtesten Schüler, die er jemals gehabt hatte. Er staunt also nicht schlecht, als diese mathematische Niete in eine teure Luxuslimousine mit Chauffeur einsteigt.

„Sie haben es ja doch noch zu etwas gebracht, trotz Ihrer miesen Leistungen von damals!", sagt der Lehrer.

„Klar doch!", meint Hirneder. „Ich kaufe Sessel für hundert Euro und verkaufe sie für fünfhundert Euro weiter. Und von den vier Prozent kann ich super leben!"

Der Museumsführer zeigt ehrfürchtig auf einen Stuhl hinter einer doppelten Absperrung: „Darauf haben schon Goethe, Schiller und Voltaire gesessen!"

Wundert sich ein Besucher: „Dass die da alle darauf Platz hatten!"

Zwei Polizisten gehen nachts auf Streife. Vor dem Gymnasium liegt eine Leiche.

„Weißt du", sagt der eine Polizist, „wie man Gymnasium schreibt?"

„Keine Ahnung", sagt der andere.

„Dann tragen wir die Leiche besser zum Bahnhof rüber!"

Philosophieren zwei Männer über ihre Namen. Sagt der eine: „Das ist schon irgendwie komisch, du heißt Groß, bist aber in Wirklichkeit klein."

„Was soll denn daran so komisch sein?", sagt der andere. „Du heißt auch Weber und bist in Wirklichkeit ein Spinner!"

Es ist Wahlzeit. „Und was werden Sie tun, wenn Sie die Wahl gewinnen?", fragt der Reporter den Politiker.

„Weiß ich noch nicht", meint der Politiker, „ich überlege die ganze Zeit, was ich tun soll, wenn ich die Wahl verliere!"

Heiner hat einen neuen Job. Er arbeitet jetzt als Kellner beim Kirchenwirt in Hinterduckendorf. Und schon am ersten Tag gibt es Probleme. „Im Keller ist der ganze Wein aus den Fässern ausgelaufen!", berichtet er dem Wirt.

„Um Himmels willen", jammert der Kirchenwirt, „wie konnte denn so was passieren?"

„Keine Ahnung", sagt Heiner, „als ich heute Morgen die Namensschilder auf die Fässer genagelt habe, war noch alles in Ordnung!"

Nach dem Skifahren. Seppl und Bertl haben auf der Hütte schon etwas zu viel hochprozentigen Jagertee getrunken. Sie fangen zu streiten an und schon geht eine wüste Rauferei los.

„Halt, aufhören", ruft Bertl verzweifelt, „ich spür nichts mehr in meinen Waden!"

„Kein Wunder", schreit Seppl, „du zwickst ja mich die ganze Zeit!"

Heiner trägt einen dicken Brief aufs Postamt.

„Da haben Sie zu viele Marken draufgeklebt", sagt der Beamte am Schalter. „Fünf statt zehn Euro hätten gereicht!"

„Dann kratzen Sie die anderen fünf Euro wieder runter", bittet Heiner, „sonst geht der Brief womöglich zu weit."

Der Richter zum Angeklagten: „Erzählen Sie uns bitte ganz genau, wie Sie es fertiggebracht haben, den Tresor zu öffnen."

„Oh nein, Herr Richter, bitte nur das nicht!", fleht der Angeklagte. „Im Saal sitzt doch die ganze Konkurrenz!"

Weihnachten in Schottland. Am Weihnachtsabend holt der Vater heimlich die Flinte aus dem Schrank, schleicht aus dem Haus und feuert in die Luft. Dann kehrt er mit ernster Miene ins Wohnzimmer zurück.

„Tut mir leid, Kinder", sagt er. „Schlimme Nachrichten. Der Weihnachtsmann hat eben Selbstmord begangen."

Hans erzählt seinem Freund Anton von einer Wette.

„Ich habe gewettet", sagt er, „einen halben Monat lang am Tag nichts zu essen und in der Nacht nicht zu schlafen."

„Na, die Wette hast du wohl mit Bomben und Granaten verloren!", meint Anton.

„Ach woher, gewonnen habe ich!", ruft Hans.

„Wie denn das?"

„Ich habe am Tag gepennt und in der Nacht gefuttert!"

Fragt Herbert seinen Freund: „Ist es eigentlich wahr, dass schwarze Katzen Unglück bringen, wenn sie einem über den Weg laufen?"

„Ja, schon", meint der Freund, „vor allem, wenn man eine Maus ist!"

Die Dussels wohnen im 25. Stock.

Leider ist wieder einmal der Lift ausgefallen. Also müssen Herr und Frau Dussel die Treppen zu Fuß hochsteigen.

Um sich die Zeit zu vertreiben, erzählen sie sich gegenseitig Witze.

Endlich im 22. Stockwerk angelangt, meint Frau Dussel schwer atmend: „Jetzt fällt mir aber kein Witz mehr ein."

„Mir schon", sagt Herr Dussel, „ich habe die Wohnungsschlüssel im Auto vergessen!"

Das Zirkuszelt steht in Flammen. Alle laufen durcheinander.

„Nur keine Panik", ruft der Zirkusdirektor, „holt lieber den Feuerschlucker!"

Heiner: „Wie geht eigentlich dein neues Fahrrad?"
Holger: „Das geht nicht, sondern es fährt!"
Heiner: „Also gut, wie fährt es?"
Holger: „Es geht!"

„Ich wette mit dir, dass ich in drei Minuten zur Post gehe", sagt Herbert.

„Unmöglich", sagt Georg. „Das schaffst du nie und nimmer. Die Wette gilt!"

Herbert schaut auf die Uhr, wartet drei Minuten und geht zur Post.

„Schnell, ganz schnell", ruft ein Mann und stürmt in die Drogerie, „mein Nachbar wird von einem Bienenschwarm verfolgt!"

„Gut, gut", sagt der Verkäufer nervös, „was brauchen Sie, eine Salbe, ein Spray?"

„Nein, nein, einen Film für meine Kamera!"

„Ich habe dir deine Lieblingskekse mitgebracht!", sagt Karin zu ihrer Freundin.

„Oh, wie aufmerksam", bedankt sich die Freundin strahlend und öffnet ihr Geschenk. „Aber ... die Dose ist ja nur noch halb voll."

„Tja", sagt Karin, „es sind leider auch meine Lieblingskekse!"

Treffen sich zwei Freundinnen im Kaffeehaus.

Fragt die eine: „Hast du eigentlich schon Gabis neuen Freund gesehen? Der soll ja aus bester Familie sein!"

„Ja, ja", meint die andere, „ein eigenartiger Typ, nicht?"

„Wieso eigenartiger Typ?"

„Na ja, beim Teetrinken streckt der doch immer den kleinen Finger so weg."

„Das ist in vornehmen Kreisen halt so üblich."

„Aber nicht, wenn der Teebeutel noch dranhängt!"

Es ist fürchterlich heiß. Heiner und Holger wollen sich im Teich abkühlen.

Sie ziehen sich ihre Badehosen an und springen ins kühle Nass.

Da hören sie eine zornige Stimme.

„Könnt ihr Blödmänner denn nicht lesen", ruft der Bauer, „da steht ‚Zutritt verboten!' auf dem Schild!"

„Was wollen Sie denn?", schreit Heiner zurück. „Wir sind doch nicht zu dritt. Wir sind ja nur zu zweit!"

Zwei Männer sitzen im Wirtshaus an einem Tisch. Im Gespräch kommt man sich näher. Stellt sich der eine vor: „Gestatten, Josef Huber!"

„Sehr erfreut, Richard Wagner!", antwortet der andere.
„Das ist aber ein sehr bekannter Name."
„Stimmt. Mich kennt hier wirklich jeder. Ich bin nämlich der Briefträger!"

Frau Knolle ist ungeheuer stolz auf ihre antiken Möbel.
„Dieser Stuhl hier", erklärt sie einem Besucher, „gehörte einst der schottischen Königin Maria Stuart!"
„Interessant", staunt der Besucher, „und woher weiß man das?"
„Sehen Sie sich diese Buchstaben an", sagt sie und deutet auf die Lehne, „M. S. für Maria Stuart."
„Ach, so ist das", erwidert der Besucher staunend. „Jetzt stellen Sie sich vor, wir haben zu Hause einen kleinen Raum, in dem einst Winston Churchill gewohnt hat!"

Zwei Männer betreten ein Autogeschäft.
Sie gucken sich nicht lange um, sondern kaufen einen Jaguar.
Beim Zahlen sagt der eine Mann: „So, jetzt bist du dran. Die Pommes vorhin hab ich bezahlt!"

Bundeswehr, Grundausbildung. Es geht auch um ganz handfeste praktische Fragen. Der Feldwebel will von den Soldaten wissen: „Wie wird ein Kanonenrohr hergestellt?"

Großes Schweigen. Kein Mensch meldet sich. Nach einiger Zeit steht hinten in der letzten Reihe doch noch einer auf.

„Also", sagt der Soldat, „man nimmt ein Stück Loch und gibt Eisen herum!"

„Und wo kriegen Sie das Loch her, Sie Schlaumeier?", brüllt der Feldwebel.

„Ganz einfach", sagt der Soldat, „ich beschaffe ein Ofenrohr und nehme das Blech weg."

Eine sehr junge vornehme Dame betritt das Hutgeschäft.

Über eine Stunde lang probiert sie einen Hut nach dem anderen. Schließlich sagt sie hochnäsig: „Ich glaube, Sie führen einfach nicht den passenden Hut für meinen Kopf."

„Moment", meint die Verkäuferin, „die Strohhüte haben Sie noch nicht probiert!"

Im Uhrmacherladen.

Eine ältere Frau kommt schwer bepackt ins Geschäft. Sie bringt die Kuckucksuhr zurück, die sie vor einer Woche hier gekauft hatte.

„Was ist denn los mit der Uhr?", erkundigt sich der Uhrmacher. „Kommt der Kuckuck nicht mehr aus seinem Häuschen?"

„Doch, doch", sagt die Kundin, „herauskommen tut er schon. Aber dann fragt er immer, wie spät es ist!"

Monika: „Du, stell dir vor, ich hab von meinem Brieffreund aus Schottland die ersten Bilder bekommen!"
Margit: „Und, wie sieht er aus?"
Monika: „Weiß ich noch nicht. Der Film ist gerade beim Entwickeln!"

„Meine neue Freundin ist ja ganz nett", erzählt Rolf. „Aber sie hat kein Benehmen. Als sie sich gestern Abend im Restaurant mit der Gabel frisiert hat, ist mir vor Entsetzen fast das Messer im Mund stecken geblieben!"

Weihnachtsfeier in der Firma. Riesenstimmung und alles gratis. Herr Knolle greift beim Buffet zu, als hätte er seit Tagen nichts mehr zu essen bekommen. Als er zum sechsten Mal mit einer riesigen Portion vom Buffet kommt, zischt ihn Frau Knolle an: „Sag mal, ist dir denn das nicht peinlich? Merkst du nicht, wie dich die Leute anstarren?"

„Keine Sorge", sagt Herr Knolle, „ich sag immer, dass es für dich ist."

Der Ganoven-Ede steht wieder einmal vor Gericht. Diesmal ist es nur eine Kleinigkeit: Er hat in einem Hotel Handtücher mitgehen lassen. „Wissen Sie, was darauf steht?", herrscht ihn der Richter an.

„Klar", sagt Ede, „Hotel Goldener Hirsch!"

Im Restaurant. Herr Knall kann sich einfach nicht entscheiden, was er heute speisen möchte. „Herr Ober", sagt er, „bringen Sie mir etwas, was ich noch nie gehabt habe."

„Dann nehmen Sie doch Hirn!", empfiehlt der Kellner.

Im Restaurant. Der Gast beschwert sich: „Dieses Brot kann kein Mensch essen. Es ist steinhart!"
„Im Krieg wären wir froh gewesen über dieses Stück Brot", gibt der Kellner bissig zurück.
„Da haben Sie recht", erwidert der Gast, „aber damals war es ja auch noch frisch!"

Herr Rübenzahn sitzt im feinen Restaurant. Mit der Speisekarte kommt er nicht so ganz zurecht; alles steht da auf Französisch. Da winkt Rübenzahn den Ober heran und zeigt auf den Nebentisch: „Bringen Sie mir doch bitte das, was der Herr da drüben isst!"
„Ich werde es versuchen", antwortet der Ober, „aber ich fürchte, er wird sich sein Essen nicht so einfach wegnehmen lassen!"

Brösels sind im Restaurant. Das Essen war vorzüglich. Zum Abschluss möchte Herr Brösel noch ein Stück Emmentaler Käse.
„Sehr wohl", sagt der Kellner.
„Aber einen echten Emmentaler", sagt Herr Brösel, „den mit den großen Löchern!"
Der Kellner kehrt zurück mit einem leeren Teller.

„Was soll denn das!", beschwert sich Herr Brösel. „Da ist ja nichts auf dem Teller!"

„Tut mir leid", sagt der Kellner, „Sie haben wohl gerade ein großes Loch erwischt!"

Heute nimmt Herr Pampe sein Mittagessen im Restaurant zur Goldenen Ente ein.

Das Essen ist teuer, aber es schmeckt einfach grauenhaft. Angewidert schiebt Herr Pampe den Teller von sich, winkt den Ober heran und beschwert sich: „Das Essen hier ist völlig ungenießbar. Ich möchte sofort den Geschäftsführer sprechen!"

„Gern, aber da müssen Sie hinübergehen zum Kirchenwirt", sagt der Kellner.

„Aber wieso denn?"

„Dort speist der Geschäftsführer immer zu Mittag!"

Herr Hinterhuber kommt ganz aufgekratzt nach Hause. „Stell dir vor", erzählt er seiner Frau, „was ich heute erlebt habe! Ich steige am Stadttheater in den Bus Linie 50 und fahre Richtung Bahnhof und wer, glaubst du, sitzt mir gegenüber?"

„Na, wer denn?", erkundigt sich Frau Hinterhuber.

„Johann Wolfgang von Goethe!"
„So ein Blödsinn!", sagt Frau Hinterhuber. „Das gibt es doch gar nicht!"
„Wieso gibt es das nicht?", fragt Herr Hinterhuber.
„Weil die Linie 50 überhaupt nicht zum Bahnhof fährt!"

Dem Kellner passiert ein Missgeschick nach dem anderen. Er bringt die falschen Sachen, vergisst die Hälfte, verwechselt die Gäste, stolpert über den Teppich, verschüttet Sauce – eine einzige Katastrophe.
„Sagen Sie mal", fragt ihn ein Gast, „warum um alles in der Welt sind Sie ausgerechnet Kellner geworden?"
„Tja", sagt der Ober, „den Rat hat mir der Augenarzt gegeben. Er hat mir empfohlen, Gläser zu tragen."

Herr Knolle hat sich ein Pilzgericht bestellt. Endlich kommt der Ober, serviert die Pilze und sagt: „Das macht vierundzwanzig Euro!"
„Na hören Sie mal", beschwert sich Herr Knolle, „ich habe mit dem Essen überhaupt noch nicht begonnen und Sie wollen schon kassieren!"
„Bei Pilzgerichten", sagt der Kellner, „ist das so üblich."

Im Dorfgasthaus. Ein vornehmer Herr betritt das Lokal und sucht sich einen freien Tisch. „Na", sagt er zum Wirt, „die Tischdecke sieht aber auch nicht gerade appetitlich aus!"

„Die sollen Sie auch nicht mitessen!"

Herr Knall kommt vom Urlaub am Königssee furchtbar heiser zurück.

„Jetzt sagen Sie mal, Frau Knall", fragt die Nachbarin, „Ihr armer Mann kann ja kaum noch reden. War denn die Luft im Gebirge wirklich so schlecht?"

„Nein, nein", erwidert Frau Knall, „schuld war das blöde Echo."

„Wieso das Echo? Versteh ich nicht."

„Das Problem war", erklärt Frau Knall, „dass mein Mann unbedingt das letzte Wort haben wollte."

Gast: „Herr Ober, ich will frische Semmeln haben. Die sind ja von gestern. Bringen Sie mir Semmeln von heute!"

Kellner: „Dann müssen Sie morgen kommen!"

In einem vornehmen Restaurant. Der Gast beschwert sich beim Kellner: „Warum ist mein Teller nass?"
„Das ist die Suppe!"

Zwei Gäste sitzen im Restaurant am selben Tisch. Sagt der eine: „Verzeihen Sie, würde es Sie stören, wenn ich rauche?"
„Aber nein", sagt der andere, „solang es Sie nicht stört, wenn ich weiteresse."
„Aber nein", sagt der Erste, „solang die Musik hier laut genug ist!"

Der Kellner räumt die Teller ab.
„Und", fragt er, „hat es Ihnen geschmeckt?"
„Also, ehrlich gesagt", meint der Gast, „ich habe schon besser gegessen."
„Aber nicht bei uns!"

Gast: „Herr Ober, bitte, rasch, kommen Sie! Hier auf der Butter liegt eine Fliege!"
Kellner: „Sie irren sich, das ist eine Spinne!"

Im Luftkurort in den Alpen. Es ist ein wunderschöner Tag. Vor dem Rathaus spielt eine Blasmusikkapelle. Fragt ein Kurgast den Trompeter: „Was ist denn heute für ein Festtag, dass ihr hier so toll aufspielt?"

„Ach", meint der Musikant, „heute hat der Bürgermeister Geburtstag und da bringen wir ihm halt ein Ständchen dar."

„Na schön", sagt der Kurgast, „aber dann sollte sich der Bürgermeister doch auch am Balkon zeigen, oder?"

„Eigentlich schon", sagt der Trompeter, „aber ich kann doch nicht überall gleichzeitig sein!"

Gast: „In meiner Suppe schwimmt ein dunkles Haar!"
Kellner: „Ja und? Glauben Sie, wir stellen für Sie extra einen blonden Koch an?!"

Wer sagt, in der Schule wäre es nicht lustig?

Noch mehr Lesefutter für Scherzkekse und Spaßvögel!